高技术虚拟产业集群知识资本增值机制研究

何晓燕 著

哈尔滨工业大学出版社

内 容 简 介

本书对高技术虚拟产业集群知识资本如何有效发挥其价值增值作用进行阐述，沿着知识到知识资本、知识资本到价值、价值到增值优化的主线，给出了一套制度方法体系，旨在从知识资本视角推进高技术产业的持续快速发展。

本书可为高技术产业的发展提供一定的参考，同时也可供研究生、科研人员和高技术产业相关从业人员参考。

图书在版编目（CIP）数据

高技术虚拟产业集群知识资本增值机制研究／何晓燕著. —哈尔滨：哈尔滨工业大学出版社，2021.4（2024.6重印）
ISBN 978－7－5603－9376－6

Ⅰ.①高… Ⅱ.①何… Ⅲ.①高技术产业—产业集群—知识经济—研究 Ⅳ.①F264.2

中国版本图书馆 CIP 数据核字（2021）第 061138 号

策划编辑	张凤涛
责任编辑	苗金英　赵凤娟
装帧设计	博鑫设计
出版发行	哈尔滨工业大学出版社
社　　址	哈尔滨市南岗区复华四道街10号　邮编150006
传　　真	0451－86414749
网　　址	http://hitpress.hit.edu.cn
印　　刷	黑龙江艺德印刷有限责任公司
开　　本	787mm×960mm　1/16　印张12.5　字数220千字
版　　次	2021年4月第1版　2024年6月第2次印刷
书　　号	ISBN 978－7－5603－9376－6
定　　价	86.00元

（如因印装质量问题影响阅读，我社负责调换）

前　言

随着我国高技术产业集群的发展,成员间缺乏联系而导致的技术锁定效应和创新不足等问题也逐步显现出来。为促进高技术产业的持续发展,高技术产业集群的成员不再受地域限制,依靠信息及网络技术相互联结,形成了以组织邻近为主要特征的高技术虚拟产业集群(High-Tech Virtual Industrial Cluster,HTVIC)。知识资本是高技术产业的重要生产要素,其增值将直接促进 HTVIC 的价值提升,而现有研究难以为 HTVIC 知识资本增值提供有效指导,因此亟须构建一套能够体现 HTVIC 特征的知识资本增值机制,以促进 HTVIC 知识资本增值,这对推进 HTVIC 及高技术产业的可持续发展具有重要意义。

本书在分析相关研究现状的基础上,首先阐明 HTVIC 的成因及虚拟特征,将知识资本引入松散组织 HTVIC 中,界定 HTVIC 知识资本的内涵并分析其特征,对 HTVIC 知识资本增值含义进行解释,提出增值的两个前提条件。

HTVIC 知识资本增值是成员以要素的形式相互协同的结果,基于协同学自组织理论,本书揭示了 HTVIC 知识资本增值的自组织机理,从强化序参量视角建立了 HTVIC 知识资本增值机制框架,包括 HTVIC 知识资本价值创造机制、价值提取机制和价值评估机制。

依据 HTVIC 知识资本的知识性特征,本书研究知识到知识资本的转化,从而形成价值创造潜力的问题,构建了 HTVIC 知识资本价值创造机制,为 HTVIC 知识资本增值的实现提供存量准备,主要包含两个方面:①基于 CAS 理论和 SECI 模型、融知发酵模型,建立 HTVIC 知识资本存量形成机制。②基于 NK 模型,并考虑关系强度、创新方式和组织学习的作用,建立 HTVIC 知识资本存量增加机制。

依据 HTVIC 知识资本的资本性特征，本书研究知识资本到价值的转化，从而形成价值提取能力的问题，构建了 HTVIC 知识资本价值提取机制，目的在于实现 HTVIC 知识资本价值，主要包含三个方面：①基于卢卡斯模型和综合双层激励模型，建立 HTVIC 人力资本价值提取机制。②基于供求和均衡理论、价格弹性和交易费用理论对 HTVIC 知识产权进行有效运营；考虑根植性和创新性，对跨区域文化进行整合；建立政府间协调制度、平台支撑制度和 HTVIC 的弱管理制度对组织制度体系进行优化，从而建立 HTVIC 组织资本价值提取机制。③基于制度的信任以增强 HTVIC 成员间的合作关系，对 HTVIC 与外部顾客关系进行以增强顾客信任为目的的制度安排，建立 HTVIC 关系资本价值提取机制。

依据 HTVIC 知识资本的增值性特征，本书建立了 HTVIC 知识资本的价值评估机制，目的在于促进评估活动的有效进行，从而对 HTVIC 知识资本及要素进行有针对性的管理，以促进增值优化，主要内容包括：建立 HTVIC 知识资本增值评估的组织机构；从 HTVIC 知识资本的三要素出发，采用粗糙集对评估指标进行初选、确定和更新，建立指标管理机制；对评估方法进行选择，结合粗糙集和灰色白化权评估给出权重确定方法、综合评估方法和方法的动态调适制度，建立方法管理机制；建立评估保障机制，促进评估有效进行。

最后，本书以滨海-中关村信息技术虚拟产业集群为例，对 HTVIC 知识资本增值机制进行实证研究。

本书对 HTVIC 知识资本增值机制的研究，旨在为 HTVIC 知识资本的增值提供一套管理方案，对促进 HTVIC 的发展和高技术产业的发展具有重要的理论意义和现实意义。

作　者
2020 年 12 月

目　　录

第1章　绪论 ·· 1
　1.1　研究背景 ·· 1
　1.2　研究目的及意义 ·· 2
　1.3　国内外研究现状及评述 ··· 3
　1.4　主要研究内容与方法 ·· 19

第2章　HTVIC知识资本增值机理及机制框架 ············· 23
　2.1　HTVIC的含义和特征 ·· 23
　2.2　HTVIC知识资本内涵及特征 ······························· 30
　2.3　HTVIC知识资本增值的含义和条件 ····················· 34
　2.4　HTVIC知识资本增值系统的自组织机理 ············· 36
　2.5　HTVIC知识资本增值机制的框架 ························· 44
　2.6　本章小结 ·· 53

第3章　HTVIC知识资本价值创造机制 ························ 55
　3.1　HTVIC知识资本价值创造潜力分析 ····················· 55
　3.2　HTVIC知识资本存量形成机制 ···························· 56
　3.3　HTVIC知识资本存量增加机制 ···························· 68
　3.4　本章小结 ·· 81

第4章　HTVIC知识资本价值提取机制 ························ 82
　4.1　HTVIC知识资本价值提取能力分析 ····················· 82

4.2　HTVIC 人力资本价值提取机制…………………………… 83
4.3　HTVIC 组织资本价值提取机制…………………………… 96
4.4　HTVIC 关系资本价值提取机制…………………………… 114
4.5　本章小结…………………………………………………… 118

第 5 章　HTVIC 知识资本价值评估机制………………………… 120

5.1　HTVIC 知识资本价值评估主客体和机制架构…………… 120
5.2　HTVIC 知识资本价值评估的组织机构…………………… 124
5.3　HTVIC 知识资本价值评估的指标管理机制……………… 124
5.4　HTVIC 知识资本价值评估的方法管理机制……………… 143
5.5　HTVIC 知识资本价值评估的保障机制…………………… 148
5.6　本章小结…………………………………………………… 150

第 6 章　实证研究…………………………………………………… 151

6.1　滨海–中关村 ITVIC 背景…………………………………… 151
6.2　滨海–中关村 ITVIC 价值创造机制………………………… 154
6.3　滨海–中关村 ITVIC 价值提取机制………………………… 156
6.4　滨海–中关村 ITVIC 价值评估机制………………………… 159
6.5　滨海–中关村 ITVIC 知识资本增值建议…………………… 169
6.6　本章小结…………………………………………………… 172

结论 ………………………………………………………………… 173

附录 ………………………………………………………………… 176

参考文献 …………………………………………………………… 181

第1章 绪 论

1.1 研究背景

随着知识经济的到来,高技术产业集群对于区域甚至国家的经济发展起到日益重要的作用,世界各国都在推进高技术产业集群的建立和发展,实践中主要是以高技术产业园区来进行。然而,从目前各国的高技术园区的发展来看,特别是国内的一些高技术园区,园区的企业之间缺乏联系,大多是利用政府的优惠政策产生的区域集聚,并不能充分发挥产业集群的应有优势,出现技术锁定效应,导致集群创新减少,这使得园区的高技术企业失去活力,面临技术落后、难以持续发展的困境,相关产业也难以突破创新,实现产业升级。因此,对于高技术产业集群,必须寻找一种新的形式,以推动企业和产业的共同发展。

1997年,巴西圣保罗大学等7所大学组成了一个网络化研究课题组,提出了虚拟产业集群(Virtual Industry Cluster, VIC)的概念:虚拟产业集群是快速构建与运作虚拟企业的基础平台,是由具有一定专长的企业组成的集合体,其主要功能是通过提供与调节成员企业的核心能力,参与虚拟企业运作,从而使成员分享市场机遇。这是从虚拟企业成员池的角度看待虚拟产业集群,相对于传统集群,它具有更大范围或跨区域的联合企业的优势,可以更好地发挥区域带动作用。同时,企业间以信息技术为纽带,虽然形式松散,但是具有紧密联系,既可以保持企业之间的独立性,又可以使企业充分发挥集群的协作优势,促进创新产生。

虚拟产业集群理论为高技术产业集群的发展困境提供了一种解决思路:随着高技术虚拟产业集群(High-Tech Virtual Industrial Cluster,

HTVIC)的形成和发展,高技术产业集群或园区的发展僵化、缺乏活力、经济辐射作用减弱等问题将得到有效改善。因此,对于如何促进HTVIC发展的研究,无论是理论上还是实践上都应该受到重视。

同时,知识资本是知识经济时代最为重要的生产要素,知识资本对高技术企业的重要作用得到学术界的普遍认可。HTVIC的主体是高技术企业和相关机构,那么,如何在实践中充分发挥HTVIC知识资本的重要作用,从而更好地促进HTVIC的发展就受到广泛关注。

从目前知识资本的研究现状来看,大多数关于知识资本的研究都立足于企业,从单个企业角度分析知识资本的概念、构成、计量评估及管理等,缺乏从多企业角度对知识资本的研究。近年来,也有部分学者对国家知识资本和区域知识资本进行研究,但对于集群知识资本的研究还很少见。

HTVIC是一种新的组织形式,HTVIC知识资本如何有效发挥其价值增值作用,从而推动HTVIC的发展,并助力高技术产业的发展,就成为新的研究课题。而现有研究成果难以对此问题提供有效的理论指导依据,因此,对HTVIC知识资本增值机制的研究具有重要的理论和现实意义。

1.2 研究目的及意义

1.2.1 研究目的

HTVIC有利于解决高技术产业集群所面临的发展困境,而知识资本是HTVIC最为重要的生产要素,因此,本书立足于HTVIC整体,从HTVIC知识资本增值角度提供一套管理方案。具体表现为:沿着知识到知识资本、知识资本到价值、价值到增值优化的主线,本书给出了一系列有利于HTVIC知识资本增值的制度方法体系。本书的研究目的在于:通过HTVIC知识资本增值促进HTVIC的发展,进而为高技术产业的发展提供一种思路。

1.2.2 研究意义

本书结合虚拟集群和知识资本的理论构建了 HTVIC 知识资本增值机制,具有重要的理论意义和现实意义,主要体现在以下三个方面。

(1)完善了知识资本理论。本书将知识资本概念从单个企业角度引入到多企业构成的虚拟集群组织中,扩充了知识资本应用的组织范围,解决了多个知识资本主体互动条件下的整体知识资本增值的问题。

(2)推动了高技术产业的发展。高技术产业的重要载体是高技术产业集群或园区,针对园区所存在的问题,引入虚拟集群,借助知识资本,为高技术产业的发展提供新的范式,即依托 HTVIC,从知识资本增值的角度,推动高技术产业的持续创新,提升产业价值,以获得持续发展。

(3)促进 HTVIC 的可持续发展。本书主要揭示了 HTVIC 知识资本的运行规律,从制度和方法层面给出知识资本价值增值的实现和优化途径,对于提高 HTVIC 的竞争力和可持续发展具有重要的理论和实践意义。

1.3 国内外研究现状及评述

1.3.1 高技术产业集群的研究现状

产业集群能发挥地域集中的优势,有利于增强区域的经济实力,因此受到国内外学术界的广泛关注。近年来,由于高技术产业的迅速发展,高技术产业集群作为产业集群中的一个重要分支,就更加成为研究的热点问题。如何使高技术产业集群既表现出高技术产业的特点,又能充分利用产业集群的优势,不同的学者对此进行了多角度的研究,主要表现在以下几个方面。

1. 高技术产业集群形成机理研究

Oakey 认为高技术产业要求高质量和高有效性的劳动,从而在拥有这种劳动的地区形成产业群。Scott 认为高技术产业群形成的决定性因素在于劳动过程。David 认为高技术产业集群的出现在于当地企业家的社会效应。Olav 认为高技术产业出现集聚是为分享一些难得的信息和资源。Stuart 认为学术界和产业界互动合作造就了硅谷。Elizabeth 等认为剑桥高技术产业园区聚集的区位要素在于以剑桥大学为核心的科学中心、劳动力市场和集体学习因素。Alexandre 分析了印度信息通信技术产业集群的形成及特征,认为高技术产业集群的形成需要权衡技术创新、经济效应和社会效应的关系。

席艳玲对高技术产业集聚的影响因素进行了研究,认为规模经济、交通便利度和人力资本因素对高技术产业的区域集聚具有显著影响。金镭认为高技术产业集群在资源禀赋、人力资源、技术需求和资本需求方面与传统集群不同,提出高技术产业集群的发展动力为研发能力、融资能力、科技成果转化能力和协同竞争能力。

2. 高技术产业集群运行机理研究

从整体上看,Grabher 认为,正是企业与区域内的其他行为主体(包括供应商、客商、地方政府和组织以及中介机构和科研机构等)结成网络,并根植于当地的人文环境基础,才实现了集群与区内企业的共同发展与创新。Camagni 认为高技术产业集群中的企业可以通过技术学习,增强自身对外界环境快速变化的适应性,弥补企业在获取、编码和吸收知识能力上的局限而导致的能力差距。Lisson 指出高技术产业集群内,企业、大学、科研机构和中介组织在地理上的集聚便于企业通过集群行为主体间的互动建立稳定和持续的关系,为组织内部和不同组织间的隐性知识准确地传递和扩散创造条件,从而促进创新活动的开展。Baptista 认为高技术产业集群中地理位置相互邻近的经济主体在共同学习新技术的过程中会产生外部效应,仅仅借助外部效应的创新扩散是远远不够的,更重要的是要通过各代理商在集群技术学习过程中的互动和协同来促进知识的交流和创新成果的扩散。Swarm 通过建立模型来研究产业区结构和相对效率的关系,模型表明相对效率取决于规模经济、范围经济、聚集经济、拥挤成本与信息和物流成本。

从具体的产业集群来看,Saxenian A 认为硅谷长盛不衰的原因在于建立在地区网络基础上的工业体系,敢于冒险与容忍失败的文化环境以及公司之间、公司与大学之间非同寻常的合作关系。Hinnerk 认为剑桥高技术产业集群的发展得益于其网络效应。Tatiana 对印度信息产业集群进行了整体性研究,认为软件产业与硬件产业的联合发展是必然的。

从区域创新角度来看,Keeble 认为高技术产业集群是区域创新集群,集体性学习有助于集群经济效应的实现,集群学习机制的不同使高技术集群具有多样性。Philip 从区域创新系统的角度,以生物科技集群为例进行了研究,认为区域和集群内外的创新联系及其他创新组织对区域创新具有重要影响。Aydogan 对美国高技术产业集群发展的区域因素进行分析,认为创新、企业家、社会资本和知识交换对高技术产业集群的发展具有重要意义。Sang 从战略视角研究了瑞典的区域创新系统,认为区域创新有利于促进高技术产业集群的发展。

从知识角度来看,Grossman 等认为知识溢出效应可以增加集群的知识积累和新知识创造,是高技术产业集群提高创新能力以及获得竞争优势的根本原因。Mccormick 认为知识溢出和知识共享是高技术产业发展的动力所在。

国内学者中,许强从集群的成员构成、集群内部的互动行为和集群的协同创新角度对高技术产业集群和传统产业集群进行了比较。李琳研究了高技术产业集群的发展机理,认为在高技术产业集群的发展和成熟阶段,地理邻近将起到负向作用,而认知邻近和集群外部知识获取、集群创新投入将具有正向作用。李宇研究了高技术产业集群的模式演化及发展。张弛研究了高技术产业集群外部性效应差异。冯朝军对国内外高科技产业集群发展模式进行了比较。从创新角度,肖杰超提出基于网络结构优化来提高高技术产业集群创新能力,对分工网络、社会网络、空间网络和知识网络四个模块进行优化。刘满凤利用系统动力学建模，研究了高技术产业集群的技术创新和扩散、知识生产和集群发展的作用机理及其运作机制。曹路宝基于集群企业和集群内外的大学和科研机构构成的U–I关系，研究了高技术产业集群的创新网络。欧光军研究了高技术产业集群企业创新集成能力生态整合路径。从知识角度，刘满凤、吴卓贤研究了高技术产业集群知识溢出效应，包括专业化中的知识溢出效应和多样化聚集的知识溢出效应。李永周以武汉东湖高新区为例进行知识获取渠道研究，揭示了高技术产业集群的网络创新机理。王树海和刘京等学者的研究表明，目前我国高技术产业集群仍存在一些问题，比如企业间缺乏联系，集群优势不明显，产业区资源依赖较强，技术创新动力不足，产业区经济辐射作用减弱等。

1.3.2 虚拟产业集群的研究现状

产业集群以地理接近为主要特征，主要目的在于促进区域的经济发展，而当打破地域限制时，更大范围的产业仍然可以发挥集聚的优势，特别是由于网络技术的发展，知识与信息的交流可以发生在任何范围内，集群可以变地理接近为组织接近。依靠互联网技术的跨地域集群的研究受到学者的关注，主要表现在以下两个方面。

1. 虚拟产业集群的成因研究

1997年，中小企业协作系统的项目课题组提出了全球化虚拟商务框架，并在此基础上第一次提出了虚拟产业集群的概念：快速构建与运作虚拟企业的平台，是由具有一定专长的企业组成的集合体，主要功能是通过提供与调节成员企业的核心能力，参与虚拟企业运作，从而使成员分享市场机遇。Molina以如何提高中小企业竞争能力为目的，通过分析中小企业在全球供应链中的作用和加入虚拟经济的可能性，提出中小企业发展应走虚拟产业集群之路。Nicolai等认为传统的以"地理接近"为特征的产业集群面临着许多风险，表现为市场需求不足、生产能力过剩、技术创新不足等，但核心是由于集群内部企业之间"联系"的加强，逐渐形成了对现有资源的锁定(lock-in)和发展路径的依赖(path-dependence),从而产生了对外部资源吸收和组织创新的困难,最终导致了集群的衰亡。"联系"既是集群竞争优势的基础,同时也是集群风险产生的源泉。Aldo等分析了29个虚拟产业群,提出用组织接近的概念来代替传统的地理接近概念,并以此构建虚拟产业集群。他们认为,虚拟产业集群能够突破传统产业集群的地理限制,以信息通信技术为重要工具,把产业集群置于全球化的学习环境中,由此扩展了产业集群活动的空间。

郑健壮认为传统产业集群中组织虚拟化是基于组织角度解决集群风险的一个有效途径,提出了集群组织虚拟化的具体措施。夏亚民、翟运开分析了产业集群和虚拟企业的区别和联系,认为虚拟产业集群是二者协同发展的创新形式,提出了高新区培育虚拟产业集群的具体途径。

2. 虚拟产业集群的运行机理及构建研究

王能认为虚拟产业集群是自组织协同的结果,政府和行业协会发挥他组织对自组织的调动作用,从而促进了虚拟产业集群的稳定发展。庞俊亭、游达明认为虚拟产业集群具有开放性、择优性和稳健性特征,可以通过提升集群的创新能力、打造主导产品的集群品牌、增强集群网络的抗攻击能力等途径进行风险规避。李斌、韦传勇认为虚拟产业集群的形式有自组织形式和他组织形式两种,通过基于识别、伙伴选择、结构设计和合同签订四个过程来构建,运行过程中要有技术保障、信用保障、协调制度和服务保障。高长元、杜鹏研究了高技术虚拟产业集群成员合作竞争和集群知识创新的正反馈关系,结合价值网理论用广义熵对其合作竞争的复杂性进行度量。姜晓丽从资源采集和资源管理两方面研究了高技术虚拟产业集群的资源共享策略。高长元、王京基于网络结构和多人博弈理论建立合作博弈模型,揭示了虚拟产业集群成员合作行为的演化。宋华基于虚拟产业集群研究了供应链金融模式创新。杜旻轩对我国跨区域虚拟产业集群的发展进行了研究。郑方研究了虚拟产业集群的契约属性及多重治理机制。

1.3.3　知识资本研究现状

在知识经济时代,知识成为最重要的资源,知识投入企业并为企业带来价值时,具有资本的功能。知识资本日益成为企业,甚至一个国家和地区的重要财富。对知识资本的研究也引起了学者的广泛关注。知识资本来自英译 Intellectual capital,又被称为智力资本。国外学者对知识资本的研究,主要集中在两个角度的四个方面:从企业角度而言,主要有知识资本的概念及构成的研究,知识资本管理方面的研究以及知识资本计量和评估的研究;从跨企业边界角度而言,主要是区域知识资本的研究。

1. 知识资本概念和构成的研究

知识资本最早是西尼尔在1836年提出的,最初它是人力资本的同义词,表示个人拥有的知识和才能。1969年,加尔布雷斯正式提出知识资本的概念,自此,不同的学者从不同的角度对知识资本进行定义,并对知识资本的构成进行分析,其中比较著名的有斯图尔特(Thmoas. A. Stweart)、埃德文森(Leif Edvinsson)、斯维比(K. E. Sveiby)、安妮·布鲁金(Annie Brooking)等人。

加尔布雷斯认为知识资本是一种知识性的活动,是动态的资本而非固定的资本形式。斯图尔特认为知识资本是美国最重要的资产,是企业最有价值的资产,对其定义为知识企业中能为企业带来利润的有价值的知识,包括知识、信息、知识产权和经验等集体智慧的结晶。其价值体现在人力资本、结构资本和顾客资本之中,即 H－S－C 结构。埃德文森和沙利文认为知识资本是企业真正的市场价值和账面价值的差额,提出 H－S 结构,即知识资本由人力资源和结构资本两部分组成。斯维比认为知识资本是以知识为基础的无形资产,提出 E－I－E 结构,包括雇员能力、内部结构和外部结构。安妮·布鲁金认为知识资本是以人为中心的资产,由基础结构资产、市场资产和知识产权资产组成,是企业得以运行的所有无形资产的总称。

OECD(Organization for Economic Co-operation and Development)认为知识资本是知识经济时代企业无形资产的两个重要分类,包括组织资本和人力资本两部分。组织资本指系统或软件资产、供应链、分销网络等,人力资本指组织内外的人力资源。OECD和许多学者把知识资本和企业无形资产联系起来,两者的关系成为学者研究的热点。OECD认为知识资本是无形资产的子集,许多无形资产的项目,比如土地使用权不属于知识资本范畴,许多会计机构也对此有类似观点。

近年来,一些学者对知识资本的内涵也做了解释。Lial认为知识资本是由过程资本、研发资本、人力资本和顾客资本构成的一种无形资产或知识资产。Su认为知识资本是一种无形知识资源,包括组织资本,人力资本,以及由供应商、顾客和其他利益相关者构成的社会资本三部分。Wang认为知识资本由人力资本、组织资本和社会资本构成,对组织绩效和创新能力起到中介协调作用。Mhedhbi认为知识资本是由不同类型的无形资产组成并相互作用的,与财务资本一起共同创造了企业价值。Shakina认为知识资本是能够增强企业价值创造能力的知识资源。Naidenova认为知识资本是现代公司参与市场竞争和形成公司价值的重要资源,包括IT设施、品牌、雇员的知识和能力等。

我国在20世纪90年代后期才有学者开始介绍西方知识资本理论。近年来,随着知识经济在我国的发展,我国有更多的学者投入知识资本领域的研究,主要是结合我国实际情况,对经典的西方知识资本理论进行扩展和具体应用,在知识资本概念和构成方面比较有影响的国内研究见表1-1。

表1-1 国内学者对知识资本的概念和构成的研究

学者	知识资本概念	知识资本构成要素
党兴华 李晓梅	具有高增值性的资本化知识要素	人力资本和技术资本两部分

续表 1-1

学者	知识资本概念	知识资本构成要素
保建云	能够带来剩余价值的价值,是物质资本和非物质资本的合成	人力资本、知识产权资本、管理资本、顾客资本和市场资本五部分
王勇 许庆瑞	组织中的知识元素被有效整合所表现的企业能力,是一种组织现象	人力资本、结构资本和顾客资本
陈则孚	知识商品成为增值的手段时就成为知识资本	人力资本、知识产权资本和声誉资本三部分
徐笑君	主体拥有的知识、价值观及能力	关系型、知识型和市场型三类知识资本
梅小安	以知识的形式存在和运动,能够为企业所掌控并能为企业带来价值增值的价值或资本	人力资本、结构资本和关系资本三部分

党兴华和李晓梅认为知识资本是具有高增值性的资本化知识要素,包含人力资本和技术资本两部分。保建云认为知识资本是能够带来剩余价值的价值,是物质资本和非物质资本的合成,包含人力资本、知识产权资本、管理资本、顾客资本和市场资本五部分。王勇、许庆瑞认为组织中的知识元素被有效整合所表现的企业能力即是知识资本,它是一种组织现象,包括人力资本、结构资本和顾客资本。陈则孚认为知识商品成为增值的手段时就成为知识资本,由人力资本、知识产权资本和声誉资本三部分组成。徐笑君在西方知识资本概念的基础上,提出个体知识资本和组织知识资本的概念。个体知识资本是个人拥有的知识、价值观及个体能力,是个体意义的人力资本。组织知识资本是组织拥有的知识资本,包括关系型、知识型和市场型三类知识资本。梅小安认为知识资本是以知识的形式存在和运动,能够为企业所掌控并能为企业带来价值增值的价值或资本,包含人力资本、结构资本和关系资本三部分。

2. 知识资本管理方面的研究

知识资本对企业价值有正向影响,具有价值增值的功能。知识资本理论强调,"在高技术时代,知识资本将是企业最有价值的资产,是一个国家、地区或组织真正的财富所在",对知识资本的有效管理可以增强知识资本的增值能力。

Roos 认为知识资本管理主要是对知识资本进行确认、应用以实现价值,以及对其进行测量评估和报告。Khalique 的研究认为知识资本管理有助于组织绩效的提升,其管理主要从四个方面进行:人力资本、顾客资本、技术资本和精神资本。Hendriks 认为知识资本管理通常与测量、报告和增值相联系,而知识管理主要考虑的是组织知识和管理的边界及可能性,在知识资本的测量评估和增值活动中,知识管理发挥了重要作用。Ling 对台湾公司的实证研究结果表明,知识资本管理能够有效促进公司全球竞争力的提升,知识管理在这个过程中发挥了重要的调节作用,因此,知识管理战略要与知识资本类型相匹配。Matos 建立了知识资本模型,对中小企业的知识资本管理活动进行审计控制,目的在于提高知识资本管理水平和无形资产的价值。Aguero 的研究强调了在合作创新网络中,协同知识资本管理的重要性,他认为知识资本管理是与价值创造和价值提取有关的最为重要的运营策略之一。Hunter 认为知识资本管理的重点是对知识资产进行管理。

知识资本是能够带来价值的知识。Bontis 等认为知识资本是存在于组织中的知识存量,管理组织中存量的知识就是知识管理。一些国外学者把知识管理和知识资本结合起来,来研究知识资本管理问题。Carla 等同时对知识管理和知识资本进行分析,认为知识管理和知识资本管理既有区别又有联系。知识管理更多从技术角度而言,而知识资本管理更多从战略角度来研究。Petty 认为知识资本管理的本质就是知识管理,知识管理是企业对知识资本实施控制等管理活动的主要功能。Seleim 对知识资本管理和知识管理的关系进行研究,采用综合模型检验了知识管理过程和知识资本要素的相互作用关系。Albert 认为知识管理集中在知识相关活动的运作层次,知识资本管理从组织战略角度研究价值创造和提取,两者互为补充。

知识资本管理还与组织学习和创新有关。Spahic 认为组织学习有利于增加个体和组织的知识存量,因而是知识资本管理的先决条件。Santos 认为知识资本由人力资本、结构资本和关系资本组成,不同构成要素对创新类型的作用是不同的,人力资本和关系资本更多地影响产品创新过程,而结构资本更多地影响管理创新过程。

国内学者关于知识资本管理的研究大体和国外学者思路相同,只是更加具体和细化,见表 1-2。我国学者梅小安认为知识资本的管理是以知识管理为核心的,是对知识资本的扩张、增值和价值评估活动的管理,包含核心层、扩张层和战略层三个层次。核心层即知识管理层,包括外部知识的获取和内部知识的共享;扩张层包括知识资本的获取、增值和评估;战略层从战略的角度对知识资本进行规划和实施。张小红认为知识资本管理的实质是对知识资本四个层次的管理,内容包括隐性知识的显性化、人力资本的价值化、科研成果的产权化、知识产权的商品化。

表1-2 国内学者关于知识资本管理的研究

学者	知识资本管理的侧重点和具体内容
梅小安	具有三个层次:以知识管理为核心层,包括外部知识的获取和内部知识的共享;扩张层包括知识资本的获取、增值和评估;战略层从战略的角度对知识资本进行规划和实施
张小红	实质是对知识资本四个层次的管理,包括隐性知识的显性化、人力资本的价值化、科研成果的产权化、知识产权的商品化
张丹	从价值创造的角度提出价值管理的思想,包括价值识别、价值评估和价值报告
李平	从知识资本开发角度研究知识资本管理,包括存量开发和增量开发,并进行风险防控

续表 1-2

学者	知识资本管理的侧重点和具体内容
戚啸艳	对知识资本管理模式进行研究,根据过程管理理论,提出知识资本过程管理包含知识资本的创造过程、固化过程、评估过程和价值实现过程
张涛 许长新	从价值管理角度出发,提出知识资本价值管理的最终目标是实现知识资本的价值最大化,其内容包含人力资本管理、市场资本管理、结构资本管理和知识产权资本管理
薄湘平 吴俊哲	从企业价值链出发,研究知识资本的管理问题,认为知识资本由创新型、经营型和管理型要素组成,提出知识资本管理的关键在于知识资本要素的投资和利用

张丹从智力资本价值创造的角度,对智力资本的价值识别、价值评估和价值报告进行研究,提出智力资本的价值管理思想。李平从知识资本开发角度研究知识资本管理问题,认为知识资本的开发包括存量开发和增量开发两方面,应构建知识资本开发的网络组织,并对开发的风险进行防控。戚啸艳应用过程管理的理论,从分析现有的静态知识资本管理模式的缺陷入手,提出知识资本管理的关键在于建立知识资本的过程管理体系,而知识资本过程管理包含知识资本的创造过程、固化过程、评估过程和价值实现过程。张涛、许长新从价值管理角度出发,研究了基于价值的知识资本管理的目标、内容和过程,认为知识资本管理不同于财务管理,知识资本价值管理的最终目标是实现知识资本的价值最大化,其内容包含人力资本管理、市场资本管理、结构资本管理和知识产权资本管理。从过程上包含知识资本的形成管理、运营管理、价值评估管理和收益分配管理。薄湘平、吴俊哲从企业价值链出发,研究知识资本的管理问题,认为知识资本由创新型、经营型和管理型要素组成,提出知识资本管理的关键在于知识资本要素的投资和利用。知识资本管理模式的研究,为企业进行知识资本管理的实务提出了有益的指导,使知识资本理论更好地与企业实践相结合。

3. 知识资本计量和评估的研究

知识资本计量和评估的目的有两个,一是对于内部管理者而言,对知识资本的存量和价值创造能力进行评估,以利于知识资本的管理,提高其价值增值功能;二是对于外部投资者或其他使用者而言,有利于其制定投资策略或其他战略。正因为评估对于管理的重要性,西方学者从多角度对其进行了研究,形成了多种知识资本评估模型。比较著名的有斯堪迪亚导航仪、平衡计分卡、经济增加值、市场增加值、Q系数法、知识资本指数和无形资产检测器等。

除了以上著名的知识资本评估模型,近年来,国外学者针对知识资本计量和评估的问题还做了如下研究。Mura采用结构方程模型,从三个维度建立了知识资本测度模型。Cricelli考虑到知识资本对价值增值过程的影响,利用网络分析法综合各要素的作用,设计了知识资本评估的框架。Costa采用数据包络分析和生产力指数,对知识资本进行评估。Uziene把知识资本评估看作一个多阶段过程,包括评估问题、评估目标、评估可能性、评估方法和评估实施。Montemari基于因果图提取指标体系对知识资本进行动态评估。Pucar基于内生增长理论建立了知识资本测度模型。Lee建立了指标体系,采用模糊层次分析法建立了学校知识资本模型。Herrera从多个指标因素出发,建立了墨西哥艺术组织的知识资本评估模型。Martinez应用了概念图技术,从人力资本、结构资本和关系资本三个方面对知识资本进行评估。

国内学者对知识资本计量和评估的研究主要是根据西方学者的知识资本评估模型,结合所要解决的问题,设计了知识资本计量和评估体系。

在知识资本计量方面,国内学者主要从会计角度出发,设计了不同的计量方法和模型,目的在于将知识资本纳入现行的财务报告。南星恒从知识资本投资和资本累计的视角,对知识资本及要素的价值创造行为进行分析,构建了知识资本价值创造的会计度量模式。李经路考虑到知识资本对企业价值贡献度的计量和耦合协调度的计量,提出了建立无纲量化的知识资本会计计量的设想。

在知识资本评估方面,国内学者从知识资本要素构成角度建立指标体系进行知识资本评估。刘玉平、赵兴莉从人力资本、创新资本、流程资本和顾客资本四个方面建立指标体系,对知识资本的价值进行了评价。王东清、蒋艳利用BSC的非财务维度揭示知识资本的价值,从三大维度19个指标构建了知识资本分类计量模型。李经路给出了智力资本指数构建的原理与方法。迟国泰对价值导向的智力资本评估方法进行了分析。曾洁琼研究了智力资本价值驱动因素的评估模型。张小红对智力资本价值评估方法进行了实证研究。

4. 跨企业边界知识资本研究

知识资本概念的提出最初是限定在企业的范围,学者对知识资本的研究也多集中在企业的层面,但随着知识经济全球化的发展,从国家和地区层面研究知识资本成为新的发展趋势,而且由于企业间合作的增加,各种新的企业联合形式的出现,使得企业间知识资本问题也成为研究的新落脚点。

Edvinsson在1999年首次提出了国家知识资本概念,认为国家知识资本包含个人、企业、机构、社区和区域中隐含的,能够创造财富的现有资源或者潜在资源。2004年,Edvinsson从国家和区域两个层面分析了知识资本的行为及其与价值创造的关系,认为国家和区域的价值或竞争力是由知识资本所决定的。法国举办的第一次知识资本会议强调了知识资本是知识经济的基础,从国家和区域层面讨论了知识资本的实现及应用情况,认为国家或区域层面的知识资本的识别、开发、报告和管理都应该受到全球范围的普遍重视。

近年来,学者们对跨企业边界的知识资本进行了广泛研究。Seleim建立了国家知识资本评估模型,对148个发展中国家进行了实证研究,并得出结论:国家知识资本有助于经济发展。Phusavat利用NICI对东南亚五个国家进行实证研究,结果表明,国家知识资本对GDP及产业竞争力具有统计显著性。Labra对国家知识资本测量和报告的主要模型进行了比较。Kapyla 建立了多维测量系统,对国家知识资本绩效进行了评估。Stehle 对 CHS 模型的有效性和准确性进行分析,从而推进了国家知识资本评估建模研究。Lopez 建立了新的国家知识资本评估模型来揭示国家的发展潜力,为政府对其进行测度、使用和控制提供可操作性工具。Alfaro 建立了由一系列的社会经济指标构成的城市知识资本评估模型。Bruno 对欧洲东部和南部的跨区域知识资本的形成进行了研究,认为跨区域知识资本促成了跨区域联盟的稳定和发展,这将有利于跨区域发展策略的制定。Heijman 通过对波兰 16 个地区的实证研究,从区域视角研究了竞争力和社会资本、知识资本的关系。

国内学者主要从国家知识资本、区域知识资本和产业或集群角度对跨企业边界的知识资本进行研究。

从国家知识资本角度,陈武等采用面板数据研究了国家知识资本和创新能力的关系,结果表明知识资本能促进国家创新能力提升,人力资本、关系资本和结构资本这三个要素对国家创新能力都具有重要影响,但程度不同。司训练对非正式创新网络的突发事件因素对国家间智力资本转移进行了实证研究。邵洪波研究了"一带一路"国家的智力资本、财务资本与中国策略。

从区域知识资本角度,唐新贵等构建区域发展关系函数,研究了区域知识资本与区域发展的相关性,结果表明关系资本和结构资本将促进区域知识资本协同效应递增。王锐淇、汪贻生对区域知识资本增加的机制和路径进行了研究,认为本地的知识资本生产、区域间的知识资本扩散、本地知识资本的跨期积累和区域创新环境将促进区域知识资本增加。张运华基于面板数据对区域智力资本的评估体系进行验证,并研究了区域智力资本与经济发展的关系。李卫兵对我国区域知识资本的测度及其空间溢出效应进行了研究。刘超研究了我国省际区域知识资本的空间分布及其变动特征。

从产业角度,曾德明等从个人、组织、区域和国家四个空间层面入手,结合产业创新体系的构成要素,建立了产业创新体系知识资本测度指标。从高技术产业集群的角度,杨斌、胡家兴从知识传递模式和知识传递路径两方面描述了知识资本增值机理。

1.3.4 相关研究评述

1. 高技术产业集群研究评述

由文献可以看出,对高技术产业集群的研究已取得部分共识:①集群式发展高技术产业有利于克服高技术产业自身的资金、资源和规模等方面的劣势,可以充分利用集群的资源共享与分工协作的功能,促进创新能力,从而带动高技术产业和区域的发展。可以说,高技术产业集群是推动高技术产业持续发展的有益模式之一。②创新是高技术产业持续竞争力的来源,要发展高技术产业,就要不断推动创新活动的开展,高技术产业集群创新的产生离不开自身的技术创新、政府的政策支持以及一定的文化环境。③目前我国高技术产业集群,特别是高技术园区出现了发展困境,亟待解决。④对于高技术产业集群知识方面的研究逐渐增多,但还有待深入,如何利用知识及知识资本促进其发展成为未来研究方向之一。

2. 虚拟产业集群研究评述

从文献资料可以看出,虚拟产业集群具有四大作用:促进虚拟企业构建的虚拟企业成员池作用;使企业和相关机构可以跨区域集聚,产生集群优势;解决传统产业集群面临的市场需求不足、发展路径单一等风险;信息及通信技术的广泛应用,促进全球范围内的分工协作与资源共享。

可见,虚拟产业集群的形成既与传统产业集群的发展困境有关,又与知识经济时代的技术进步有关,同时也是经济全球化发展导致竞争全球化的结果。但目前对于虚拟产业集群的研究还处于初始阶段,虚拟产业集群作为一种新的松散组织形式,和产业集群的关系还有待深入研究;对于如何更好地促进其发展,学术界尚未形成统一观点,随着知识经济的发展,虚拟产业集群和知识资本相结合的研究有待进一步深入。

3. 知识资本研究评述

从国内外学者的研究来看,有以下几点值得借鉴:①知识资本的概念主要有三种解释,即知识角度、无形资产、市值和账面值的差额。虽然说法不一致,但都认为知识资本同物质资本一样创造了企业价值,是以知识形态表现出来的企业价值要素。知识资本与价值相关,知识资本的增值作用即表现为促进价值的增加。②知识资本具有一定的结构,根据需要可以从不同角度对知识资本的构成进行分类,比较认可的是三分法。③知识资本和知识紧密相关,知识资本是以知识的形态存在和运动的。④知识资本管理和知识管理相互联系,知识资本强调知识的价值增值,知识管理强调对知识采用一定技术手段加以处理,以有利于传播。⑤对知识资本进行评估和测度,有利于知识资本管理。⑥对松散组织的知识资本研究有待深入,需要引起重视。

4. 综合评述

根据高技术产业集群、虚拟产业集群和知识资本的文献资料综合来看:高技术产业集群(园区)是产业集群的一种特殊形式,对于推动区域经济发展具有重要的战略价值,但高技术产业集群面临发展困境,采用虚拟化组织形式,即 HTVIC,可以更好地推动高技术产业的发展和发挥其经济带动作用。HTVIC 的主体是高技术企业,高技术企业具有高知识性、高创新性等特点。知识资本是高技术企业的第一资源,对 HTVIC 知识资本运行规律的研究,可以完善相关理论,并有效指导 HTVIC 成员利用知识资本资源创造更大价值,获得持续发展。现有的知识资本研究主要从个体企业的角度,考虑知识资本如何增强企业自身的价值,却不能反映多个主体所构成的松散型组织的知识资本运行规律。HTVIC 整体知识资本的价值不是成员个体价值的简单加总,而是根据一定规律进行整合的价值,HTVIC 知识资本增值的实现和优化,将推动 HTVIC 的持续健康发展。因此,建立一套机制以促进 HTVIC 知识资本增值的研究就显得尤为重要。

1.4 主要研究内容与方法

1.4.1 研究内容

本书首先分析了 HTVIC 知识资本的含义和特征,然后分析了 HTVIC 知识资本增值的自组织机理并给出机制框架,从 HTVIC 知识资本价值创造机制、价值提取机制和价值评估机制三个方面构建了 HTVIC 知识资本增值机制,最后进行了实证研究。研究的具体内容如下。

(1)分析 HTVIC 及 HTVIC 知识资本的含义和特征,基于协同学的自组织及序参量原理分析了 HTVIC 知识资本增值的自组织机理并给出了增值机制的框架。

(2)依据 HTVIC 知识资本的知识性特征,研究知识到知识资本的转化从而形成价值创造潜力的问题,构建了 HTVIC 知识资本价值创造机制,包括 HTVIC 知识资本存量形成机制和 HTVIC 知识资本存量增加机制,目的在于构建 HTVIC 知识资本增值的基础,即价值准备。首先,基于 CAS 理论建立 HTVIC 知识资本存量形成机制,包括成员层知识资本存量形成和集群层知识资本存量形成;HTVIC 成员个体通过借助与其他成员的关系进行知识创新,通过知识获取、知识整合和知识应用,形成 HTVIC 成员层知识资本;HTVIC 成员层知识资本通过知识创新,在虚拟空间进行聚集、非线性和选择作用,形成集群层创新,进而形成 HTVIC 集群层知识资本。知识共享制度和知识成果转化制度促进了集群层创新,进而形成集群层知识资本存量。其次,引入 NK 模型并进行改进和仿真,从关系强度和创新方式、组织学习角度构建 HTVIC 知识资本存量增加机制,为下文基于要素的增值实现提供存量准备。

(3)依据 HTVIC 知识资本的资本性特征,研究知识资本到价值的转化从而形成价值提取能力的问题,从 HTVIC 人力资本、组织资本和关系资本三个知识资本要素的角度建立了 HTVIC 知识资本的价值提取机制,目的在于通过对要素的运用及优化实现 HTVIC 知识资本增值。首先,考虑 HTVIC 人力资本再培训投资的决策优化问题,改进卢卡斯模型,给出不同人力资本类型最佳投资量,并结合波特和迪尔激励模型,建立 HTVIC 人力资本双层激励模型,进行创新激励,以促进人力资本价值的实现。其次,从 HTVIC 知识产权运营、跨区域文化整合和制度体系优化三个方面进行 HTVIC 组织资本的运用,以促进组织资本价值的实现。最后,分别从 HTVIC 内、外两个角度,建立基于制度的信任,增强成员间内部合作关系,以增强顾客信任为目的对 HTVIC 外部顾客关系进行优化,从而促进关系资本价值的实现。

(4)依据 HTVIC 知识资本增值性特征,建立 HTVIC 知识资本价值评估机制,目的在于有效进行 HTVIC 知识资本价值评估,从而对 HTVIC 知识资本及要素进行有效管理,以促进 HTVIC 知识资本增值的最大化,即价值优化。首先,建立 HTVIC 知识资本价值评估的组织机构;其次,从构成要素出发,采用粗糙集对评估指标进行初选、确定和更新,建立指标管理机制;再次,对评估方法进行选择,结合粗糙集和灰色白化权评估给出权重确定方法、综合评估方法和方法动态调适制度,建立方法管理机制;最后,给出评估保障机制,促进评估活动有效进行。

(5)HTVIC 知识资本增值机制的实证研究。

1.4.2 研究方法

(1)基于知识资本理论和虚拟产业集群理论,分析 HTVIC 及 HTVIC 知识资本的内涵及特征。

(2)基于协同学的自组织理论及序参量原理,分析 HTVIC 知识资本增值的自组织机理并给出机制框架。

(3)基于 CAS 基本理论和刺激反应模型、SECI 和融知发酵模型以及 CAS 的回声模型,研究了 HTVIC 知识资本存量形成机制。

(4)对 NK 模型进行改进,结合 HTVIC 的特征,考虑创新方式、关系强度及组织学习,建立 HTVIC 知识资本存量增加机制。

(5)改进卢卡斯模型,建立不同类型 HTVIC 人力资本的最佳投资量的决策模型;结合波特和迪尔的综合激励模型,建立 HTVIC 人力资本的双层激励模型,以实现激励创新。

(6)基于供求理论和交易成本理论进行 HTVIC 知识产权运营;基于制度信任建立和完善 HTVIC 成员间合作关系。

(7)基于知识资本评估理论建立 HTVIC 知识资本价值评估指标体系;基于粗糙集重要度启发式算法进行指标筛选;基于知识粒度进行权重确定;基于灰色白化权函数进行综合评估。

1.4.3 技术路线

本书的技术路线如图 1-1 所示。

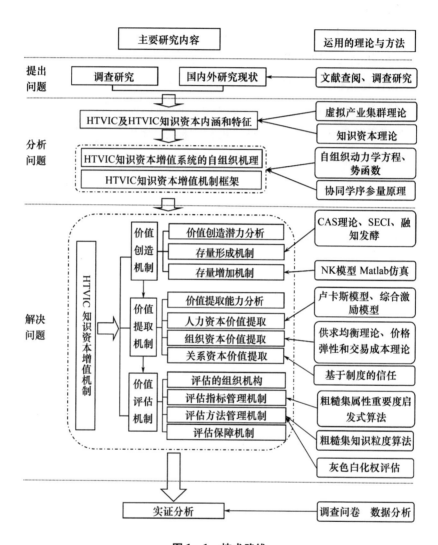

图1-1 技术路线

第 2 章 HTVIC 知识资本增值机理及机制框架

2.1 HTVIC 的含义和特征

HTVIC 的形成具有多方面的原因,在形成方式上偏重于自组织形成,与现有组织具有明显区别。作为介于企业和市场之间的新的松散组织形式,HTVIC 的特征主要表现为高技术性、集群性和虚拟性三个方面,其中虚拟特征是 HTVIC 与传统产业集群的主要区别。

2.1.1 HTVIC 的含义

1. HTVIC 的概念界定

知识经济时代,知识成为第一生产要素,知识的生产和应用成为经济发展的核心,因此,以高知识性为特征的高技术企业成为社会经济发展的重要推动力量,高技术企业的发展问题因而也受到社会各界的关注。由于高技术企业还具有高风险等特征,集群式发展高技术企业,有利于高技术企业利用规模优势,抵御自身风险,在增强区域经济发展的同时,增强自身的核心竞争能力。然而,地域集中又可能形成技术锁定和创新减弱,于是高技术企业打破地域限制,通过组织邻近进行相互关联,网络和信息技术成为高技术产业集群跨地域发展的重要工具。另外,高知识性使得传统集群基于物质资源的成本节约不再明显,这使得传统产业集群的地域优势逐渐弱化,高技术产业集群的虚拟化发展成为一种趋势。

HTVIC 是由不受地域限制的高技术企业和相关机构在虚拟空间集

聚而形成的,依靠互联网和信息技术进行虚拟化运营,以分工协作的方式提供高技术产品和服务的一种介于市场与企业之间的松散组织。HTVIC 的发展,有利于高技术企业提高创新能力,保持核心竞争优势,推动产业升级,增强跨地域范围的经济实力。

2. HTVIC 的形成原因

HTVIC 的形成,既符合现实的需要,又受到技术及社会发展的推动,其形成原因主要在于以下四个方面:

(1)产业集群特别是高技术产业园区出现了发展障碍,表现为技术锁定效应导致创新减弱,地域邻近相互模仿使得同质化增强导致竞争加剧等问题。

(2)面对复杂多变的发展环境,企业仅依靠自身的力量难以生存,必须寻找合作伙伴,依靠"大"的范围经济或是规模经济来抵制各种风险(研发风险、经营风险、生产风险,甚至自然风险等)和降低成本,而对于高技术产业而言,自然资源依赖程度降低,物流配送成本比率降低,地域集中的优势较难体现。

(3)由于高技术性和对知识的依赖程度加深,高技术产业的知识资本对价值的贡献作用远超过其物质资本的价值贡献能力,这使得高技术产业可以在全球范围内寻求资源,整合其研发、生产和经营过程,使得其发展有必要打破地域限制。

(4)高技术产业具有的高水平人才和发达的信息技术手段,依靠现代通信及网络技术,打破地域限制具有了技术实现的可能。因此,不受地域限制的高技术产业联合在一起,寻求合作机会或是借助整体力量获得发展,其他机构加入为其提供各种服务,最终形成 HTVIC。

3. HTVIC 的形成方式

从形成方式上看,HTVIC 偏重于自组织形成。由于技术、竞争等环境的变化,高技术企业和相关机构为寻求发展,在组织者的倡议下会自动形成虚拟集群,共享资源和优势,其形成过程不是外力强加的,而是企业或机构根据自身发展需要进行选择的结果。但在 HTVIC 的自组织过程中,自组织与他组织是并存的,HTVIC 的自组织仍然是企业和机构对外界环境的适应而进行的自发行为,但在一定条件下,外界也会存在比如法律法规等来规范 HTVIC 的发展和维护 HTVIC 成员的整体利益,因此,HTVIC 的自组织过程中伴随着他组织行为的存在。

4. HTVIC 和其他组织形式的区别

从组织形式上看,HTVIC 作为一种新的组织形式,不同于现有的组织形态,具体如下。

(1) 与传统集群相比。HTVIC 具有传统集群的某些特征,比如分工协作,但又强调不受地域限制的组织接近性和技术手段的先进性。主要凭借网络及信息手段,成员间彼此协同获取全球资源并转化成价值,而且对知识的需求大,知识产品地域依赖度低,物流成本比率较低。

(2) 与虚拟企业相比。HTVIC 强调潜在的长期合作关系,并不是针对具体项目的,而是虚拟企业的成员池。成员间关系不固定,处于长期变化中,或者互补,或者同质,甚至不存在竞争关系,而是共生;成员关系不一定受契约约束,加入或退出条件不严格,方式灵活。

(3) 与企业集团相比。HTVIC 是介于市场和科层之间的松散组织,成员之间产权独立,不具有行政从属关系,追求的具体目标不完全一致。

(4) 与联盟相比。联盟具有多种形式,比如从形成目标角度可以有技术或知识联盟、物流联盟、产学研联盟等,从时间角度有长期联盟、短期联盟等(虚拟企业是围绕项目而合作的短期动态联盟)。可以说 HTVIC 具备联盟的一些特征,且偏重于长期联盟和知识联盟。另外,联盟通常是通过契约形成,包括书面契约或口头契约。联盟一般具有盟主,成员数量有限,成员间是一种竞争性合作关系,从战略性角度强调强强联合或强弱互补。HTVIC 是数量众多的相关产业和机构的结合体,不一定存在契约和盟主,形式更为松散,成员间关系不对等,既存在产业链上的纵向关系,又存在链外处于同一位置的企业之间的横向合作或竞争关系,而且是同时存在,与一般联盟相比,企业间关系更为复杂。

2.1.2 HTVIC 的虚拟特征

HTVIC 的成员主要是高技术企业、科研院所和相关机构，充分体现了高技术性、集群性和虚拟性的特征。高技术性表现在成员的知识资源比重大、创新性强，知识对价值的贡献远大于物质资本，因此容易获得高收益，但同时也存在高风险，主要是技术面临失败和淘汰的风险以及技术难以进行市场化而获得收益的风险等。集群性表现在 HTVIC 具有传统集群的某些特征，成员企业有参与分工或协作的初衷或愿望，目的在于抵抗风险，增强自身实力，而且具有整体性特征，比如存在 HTVIC 的声誉、品牌等。虚拟性是 HTVIC 最重要的特征，要对 HTVIC 知识资本进行研究，就要首先清楚地理解虚拟的含义，准确把握虚拟的内涵，抓住 HTVIC 的本质，并且在研究 HTVIC 的知识资本问题时有的放矢。

在虚拟集群的概念提出之前，文献中虚拟一词有三个来源：一是计算机学科，比如虚拟化技术、虚拟光驱、虚拟内存和虚拟机等，其共同特征是通过信息技术实现的逻辑关联，其具备甚至超出了对应实体硬件的功能；二是经济学，常见的有虚拟货币、虚拟金融、虚拟经济和虚拟资本等，这里的虚拟强调区别于实体或实物的数字化形式；三是在组织形式中，有虚拟企业、虚拟社区等，其连接机制不同于一般企业或社区，虚拟企业是相互独立的企业或不同企业的部门通过契约而形成的统一体，以具体项目为目的的，具有动态性和短期性，虚拟社区是源于心理认同或共同的主题，而在网络环境中集聚，进而相互沟通的团体。

1997 年，巴西圣保罗大学的一个网络化课题组提出了虚拟产业集群的概念，他们认为虚拟产业集群是快速构建与运作虚拟企业的基础平台，是由具有一定专长的企业组成的集合体，主要功能是通过提供与调节成员企业的核心能力，参与虚拟企业运作，从而使成员分享市场机遇，这里体现了虚拟企业成员池的思想。随后的学者对这一概念又做了进一步挖掘，Molina、Nicolai 和 Aldo 等学者及国内的很多学者都提出了自己对虚拟产业集群的理解。

综合众多学者的观点,并结合现实中虚拟的用法,我们认为 HTVIC 中的"虚拟"包含多方面的含义,主要有以下四种。

(1)不受地域限制的组织接近。这也是区别于传统产业集群的重要特征,传统产业集群强调地理邻近性,而虚拟产业集群则可以跨地域、跨产业发展,组织之间的联系不是因为地缘关系,而是更多强调组织的相似性、相理解性和相互沟通频繁性。由于同属于高技术产业,不同企业间能彼此理解双方所面临的高收益和高风险性,由于分工的专业化和细化,不同节点的企业和机构进行跨地域关联,共同抵御风险,谋求在激烈的市场环境中共赢。

(2)不是集群却胜似集群。这是强调 HTVIC 与传统产业集群既有区别,又有联系,而且具有更多优势(表 2-1)。一方面,传统产业集群得以形成和发展主要源于规模优势、成本优势和知识溢出效应等。HTVIC 从形式上不同于传统集群,但也是成员围绕产业链进行的竞争合作,而且是更大范围的企业和机构的联合,以生产知识性产品和服务为主,同样形成了规模经济和溢出效应等。另一方面,传统集群地缘优势所带来的成本节约在 HTVIC 中却较难以体现。HTVIC 的成本优势在于网络及信息手段的使用,成员间的联系与信任通过网络低成本地进行,知识产品和服务通过网络低成本地传递和共享,在虚拟空间范围内可以快速搜寻最优伙伴和资源,减少搜寻成本并创造最高收益;HTVIC 的构建成本低,主要是在现有基础上的整合与优化,除了 IT 平台外其他投入较少,而传统集群的形成需要大量基础设施的建设投入,除此之外,HTVIC 具有传统集群不具备的优势,比如"葡萄藤式的发展"对于经济的带动力是一种藤状辐射,其范围远大于传统集群以地域为核的中心辐射;相关产业和机构分布于不同区域,既可以充分把握不同区域的特征,从而促进多元化创新生成,又可以规避自然灾害带来的颠覆性危险。

表 2–1 传统产业集群和 HTVIC 的比较

内容	传统产业集群（包含高技术产业集群）	高技术虚拟产业集群（HTVIC）
资源共享	主要共享自然资源、基础设施等物质资源及地域范围关系资源	主要共享知识性资源及跨地域的关系资源
成本优势	由于地理邻近降低运输成本、交易成本	由于网络联系降低交易成本、共享成本
规模经济	地域范围的规模经济	更大范围的规模经济
组织结构	马歇尔型，轮轴型，卫星平台型	以平台为中心的组织结构，可以包含多个传统集群，是虚拟企业成员池
网络及平台	生产的辅助工具，不直接产生价值，可以没有（信息平台）	主导地位的价值生成工具，成熟阶段不可没有（综合平台）
成本投入	基础设施投入	现有基础设施的整合与优化，主要是平台投入（利用云平台，基础设施投入费用低）
影响范围	以地域为核的中心辐射	跨地域限制的藤状辐射
创新	由于根植性，出现锁定效应	基于组织邻近的多元化创新
本质特征	由于资源集聚或者共享地区优惠政策，有合作但协同不明显	协同以实现功能虚拟（不是集群胜似集群），平台是协同中心

（3）对信息技术和平台的高度依赖。信息及网络技术是 HTVIC 成员相互联结的重要手段，特别是在 HTVIC 的发展成熟阶段，基于信息技术的综合平台是 HTVIC 运转的重要的、不可或缺的工具。HTVIC 成员

不受地域限制地组织接近,是通过平台实现的,成员自发聚集到平台这样的虚拟空间上,彼此相互关联进行竞争与合作,平台为HTVIC成员提供了展示的空间,履行了信息平台的基础作用;同时,HTVIC管委会依托平台承担HTVIC的管理职能,通过具体领域的制度规范,协调成员的利益和关系,促进HTVIC的健康持续发展。由于平台的重要作用,HTVIC形成了以平台为中心的组织结构,可以说平台是HTVIC的组织中心或协调中心。

(4)虚拟企业成员池。HTVIC的松散性表现在成员的自由加入,彼此竞争合作,出发点是为实现各自的利益,但因同属于HTVIC,成员间彼此信任和了解,增加了合作的机会,面对项目时,可以迅速在HTVIC成员中寻求最佳合作伙伴,拟定契约组建虚拟企业。HTVIC具有产业相关性,存在多个项目机会,也就存在多个潜在的虚拟企业,随着项目的结束,成员又回到没有严格约束的HTVIC中。

综上所述,"虚拟"是多个特征的统一,可集中表述为:不受地域限制的成员,依靠信息及网络技术相互联结而实现组织接近,目的在于实现传统集群的优势并超越传统集群,同时促成虚拟企业形成。"虚拟"的本质是一种功能协同——协同以实现功能虚拟,本书的功能主要指的是HTVIC知识资本的增值功能,即成员以知识资本要素的形式相互协同而实现知识资本增值和HTVIC的价值提升。协同描述的是HTVIC成员在竞争合作关系中的相互作用,与传统产业集群的协同相比,两者具有相似性,但HTVIC的协同显然具有更广泛的地理范围和更加频繁的产业联系;与虚拟企业的协同相比,HTVIC成员的协同没有统一的目标,而且HTVIC内部包含了多个以项目实现为目的的虚拟企业;与企业的协同相比,HTVIC的成员具有不同隶属关系和利益追求,HTVIC管理机构对成员的自上而下的干预程度较弱,偏重自组织协同,而企业的协同是按其管理机构的行政命令严格执行的,目的在于实现企业内部资源紧密配合和利益最大化,偏重管理协同而不是协同学中的自组织协同。本书主要研究自组织形成的HTVIC,侧重从组织接近、平台使用两个角度来揭示 HTVIC 的虚拟特征,力求体现集群优势及虚拟企业成员池的作用。

2.2　HTVIC 知识资本内涵及特征

2.2.1　HTVIC 知识资本内涵

知识资本(简称知本),是企业或组织所拥有的、具有价值增值功能的知识和能力要素的总称,由人力资本、组织资本和关系资本三个要素构成。人力资本是指企业员工所拥有的知识、技能和经验,体现在员工的创造力、管理能力和技术能力等方面。组织资本是组织所提供的能够使人力资本发挥作用的组织内部环境,包含组织制度及结构、组织文化、知识产权和信息化平台等。关系资本是组织拥有的内外部关系网络,包含成员间关系、与顾客的关系等。

知识资本与相关概念是有区别的。

(1)知识资本与知识。知识资本的本质是知识,知识资本中的知识强调价值性,不能带来企业价值的知识不作为知识资本。

(2)知识资本与人力资本。知识资本的要素之一是人力资本,人力资本主要依附于个人,而知识资本中的组织资本和关系资本要素却是组织所特有的,一般不随人力资本的流动而发生改变。

(3)知识资本与无形资产。知识资本可以看作是无形资产,但无形资产并不都以知识的形式表现出来,比如特许经营权、土地使用权等。

(4)知识资本与知识资产。知识资本强调的是价值形式,知识资本是知识资产的价值表现。

(5)知识资本和智力资本。从两者的内涵来看,知识资本就是智力资本,但部分学者认为智力资本更强调人的智能方面。本书对知识资本和智力资本不做区分。

(6)知识资本管理和知识管理。知识资本的实质是知识,是能够带来价值的知识,因此知识资本管理也有知识管理的部分内容,但知识资本管理主要强调从价值角度对要素进行管理,即对人力资本、组织资本和关系资本的管理,并建立专门方法对其评估以促进管理;而知识管理则从技术方法角度,强调采用计算机及相关技术来实现"把适当的知识传递给适当的人"。近年来,知识管理领域也开始涉及人力资本方面,但知识资本管理和知识管理的根本出发点还是不同的,所以两者既有区别又存在交叉部分。

HTVIC 是由不受地域限制的众多高技术企业、科研院所、中介机构和政府组成的,成员之间相互联系,以组织接近代替地理接近进行分工协作,网络和信息技术手段成为其虚拟运行的重要手段。HTVIC 作为一种组织形式,具有类似于企业的知识资本,HTVIC 知识资本是 HTVIC 中能够创造价值的所有知识和能力要素的总称,体现了成员在价值增值过程中的集体智能,具体表现在以下两个方面。

1. 从组织的结构层次来看

HTVIC 知识资本是 HTVIC 所有成员知识资本在虚拟空间的集聚,具有层次性,包含成员层知识资本和集群层知识资本。成员层知识资本就是所有成员知识资本,但更强调成员在 HTVIC 中由于相互作用而形成的成员个体知识资本的加总;集群层知识资本是成员知识资本在虚拟空间集聚而形成的,专属于 HTVIC 整体所特有的、超出成员知识资本线性和的部分,表现为 HTVIC 的制度规章、HTVIC 品牌声誉等。HTVIC 知识资本与企业知识资本相区别:HTVIC 知识资本研究的是松散组织的知识资本,任意成员的知识资本都是围绕自身组织目标与其他成员及环境进行相互适应的结果,属于企业间问题;而企业知识资本研究的是具有严格层级关系的企业内部知识资本,具有统一的组织目标,属于企业个体问题。

2. 从要素构成的角度来看

HTVIC 知识资本由 HTVIC 人力资本、HTVIC 组织资本和 HTVIC 关系资本三个要素构成。HTVIC 人力资本是 HTVIC 成员所具有的知识、经验和技能等在群组织范围内的整合,是群里最具有能动性的要素。HTVIC 组织资本指群里不依附于 HTVIC 人力资本而存在的,群所特有的、能够促进人力资本发挥作用的群组织的规章制度、文化、组织结构、知识管理设施等。HTVIC 关系资本是指在虚拟群中所有的成员通过网络等手段所形成的关系网络,包括群成员间的网络和与群外成员所形成的关系网络。

2.2.2 HTVIC 知识资本特征

HTVIC 知识资本具有一般知识资本的特征,主要表现在知识性和资本性两个方面。除此之外,HTVIC 知识资本还具有自身特征,表现在 HTVIC 知识资本多样性的统一和增值一致性。

1. 知识性特征

知识资本的本质是能够带来价值的知识,具有知识的全部特性,体现在可共享性、外部性、蚀耗性、收益递增性、不可逆性和创新性等方面。

知识资本可共享性是指在一定条件下或者一定范围内,同一知识资本可以同时由很多企业使用,知识资本的价值不会因为使用者的增加而减少。比如一项知识产权,可以通过授权的方式,使不同的企业同时使用而获得收益。知识资本外部性是指知识资本具有溢出效应,当一种知识资本通过交易或其他传播途径进入社会公共领域时,会带来社会整体知识存量、技术水平以及社会文明程度的提高,对社会的发展具有正向推动作用。知识资本蚀耗性是指随着时间的推移,知识资本也会有损耗,包括无形和有形的损耗,比如知识的老化、人力资本的流逝、技术的扩散等使知识资本失去原有的收益性而被淘汰。知识资本收益递增性是指知识资本的投入越多,带来的收益就越多,用得越多,发挥的效用就越大,而不像物质资本那样随着使用者的增加呈现出收益递减。知识资本不可逆性是指知识资本一旦产生,便不可剥夺,一旦传播出去,就不可逆转,而且还可能被无限地复制和扩散。知识资本创新性是指知识资本以创新为目的,是创新的源泉,为创新的产生提供主体和环境,能够推动企业持续创新,从而获得竞争优势。

2. 资本性特征

知识资本是资本化的知识,作为资本的一种,具有资本自身的特性。资本能够在运动中带来价值增值,投入资本,相应带来价值产出。同时,资本具有所属性,知识资本能为其所有者带来价值和收益,拥有者即是受益者。知识资本的资本特性主要表现在知识资本在运动中增值和知识资本的排他性两方面。

知识资本在运动中增值是指知识资本只有通过被运用才能够带来价值并实现价值,在知识资本的产生和使用过程中,通过对知识资本的运用及管理不仅可以使自身增值,还可以作用于其他的生产要素带来增值,发挥知识经济时代的第一生产要素的作用。知识资本排他性是指知识资本在特定的企业或环境发生作用,如果拥有者不转让就不可以为拥有者之外的企业带来收益或价值增值,而且其他企业是不可模仿的,特别是形成企业核心竞争力的知识资本,是企业独特竞争优势的来源,不可替代、不容易被模仿。

3. HTVIC 知识资本自身的特征

HTVIC 是由不同成员在虚拟空间集聚而形成的松散组织,必然具有不同于一般知识资本的特征,主要体现在两个方面。

(1) HTVIC 知识资本多样性的统一。HTVIC 中有不同的知识资本主体,包括不同的高新技术企业、各类中介机构和政府,其知识资本必然存在多样性。不同类型的知识资本共存于 HTVIC 中,遵守 HTVIC 的各项规章制度,通过 HTVIC 综合平台有效地对自身知识资本进行管理,同时参与 HTVIC 活动,贡献自己的知识资本并获得新的知识资本,提高知识资本的增值能力并提升 HTVIC 整体知识资本价值,体现了多样性的统一。

(2) HTVIC 知识资本增值一致性。知识资本具有增值性特征,增值是 HTVIC 知识资本的系统功能。在 HTVIC 中,不同的知识资本主体在提升自身知识资本价值的同时,也促使 HTVIC 整体知识资本价值的提升,同样,HTVIC整体知识资本价值的提升又反过来促进群成员知识资本价值的提升,表现出增值的一致性。

2.3 HTVIC知识资本增值的含义和条件

2.3.1 HTVIC知识资本增值的含义

增值是资本的本质属性,当知识以资本的形式出现时,必然追求增值。由价值公式 $V_E = \sum_{t=0}^{N} C_t / (1 + \text{WACC})^T$ 可以看出,价值增加主要取决于现金流 C_t、成本 WACC 和持续经营时间 T。

HTVIC是多个成员在虚拟空间的集聚,当成员相互协同而形成的HTVIC知识资本能够带来更多稳定现金流,或者降低成本,或者增加了持续经营时间时,即说明HTVIC知识资本实现增值,增值是HTVIC知识资本系统的本质功能。HTVIC知识资本不同于一般的物质资本,知识资本的增值不是独立完成的,还存在两个必要的前提条件:HTVIC知识资本的价值属性,HTVIC知识资本与物质资本的结合。

2.3.2 HTVIC知识资本的价值属性

知识资本具有价值属性,主要来源于知识的资本化。在不同的时代,知识的价值贡献作用不同。在农业和工业经济时代,知识也创造了价值,或者促进了价值的产生,但知识相对于土地、劳动力和货币资本等要素,其作用微弱,还不能形成知识的资本化;在知识经济时代,知识对价值的创造作用明显增强,甚至超过货币资本,知识起到资本的作用,带来企业的大部分价值,成为真正的知识资本。

在HTVIC中,可以从HTVIC不同成员角度理解知识资本的价值属性。

(1)对于HTVIC中的高技术企业来说,知识资本对其价值贡献作用最为突出,主要表现在以下几个方面:知识资本促进了新技术的产生并形成市场化,直接带来企业利润;知识资本通过提高管理水平、组织能力和核心竞争优势等,降低了企业运营成本及高技术失败的风险,减少了高技术企业获利的不确定性;知识资本持续产生创新,保证了高技术企业的活力和持续经营。

(2)对于HTVIC中的政府和机构而言,知识资本对其价值的贡献作用不如对高技术企业那样明显,但同样可以为政府和机构带来一定的效用:能够使政策得以高效制定或实施,或者直接或间接带来机构的收益。

(3)对于HTVIC整体而言,HTVIC知识资本的价值属性表现在HTVIC知识资本对HTVIC市场价值的贡献,具体表现在HTVIC整体竞争能力的增强,对跨区域经济的带动作用增强等方面。

2.3.3 HTVIC知识资本与物质资本的结合

知识资本具有价值属性,能够创造和实现价值,但知识资本是知识性要素和能力要素的总称,蕴藏在知识中并且以知识的形态存在和运动,不能独立创造价值,必须和物质资本相结合。

知识资本与物质资本的结合有两种方式。

(1)在传统产业中,产业价值主要来自于批量生产的规模效应、成本节约等,虽然知识资本也存在,但只是物质资本发挥作用的外部条件,所以此时是以物质资本为主的结合。

(2)在HTVIC中,强调创新是最根本的动力,生成创新的知识资本对价值增值的贡献远超于物质资本的作用,是典型的以知识资本为主的结合方式。知识资本是具有能动性的资本,能够对物质资本施以影响而决定价值的形式、数量和效果等,是价值创造和实现的主导因素。HTVIC知识资本的主导作用体现在:通过对不同层次、不同要素的知识资本进行有效管理,使物质要素的运用围绕知识资本增值活动而展开,从而实现及优化HTVIC的价值。

2.4 HTVIC知识资本增值系统的自组织机理

2.4.1 HTVIC知识资本增值系统的四维结构

知识资本具有增值功能,当HTVIC成员知识资本以要素的形式相互协同和自组织作用,持续不断地创造和实现价值时,形成HTVIC知识资本增值系统,成员知识资本成为其子系统,表现出了系统关联性、动态性等特征。同时,HTVIC知识资本与成员知识资本相关,但又不是成员知识资本的简单线性和,具有成员知识资本所不具备的价值增值能力,使得HTVIC知识资本增值系统所创造的价值大于成员知识资本创造的价值和,具有了成员知识资本所不具备的功能,符合系统的涌现性和整体性等特征。因此,子系统在虚拟空间中的相互协同等自组织作用是HTVIC知识资本增值的根本原因,HTVIC知识资本增值系统的维度结构可以表示为:

HTVIC知识资本增值 = F(高技术企业知识资本,科研院所知识资本,中介机构知识资本,政府知识资本)。

1. 高技术企业知识资本维

在HTVIC中,高技术企业数量众多、类型多样,但从知识资本要素创造价值的角度而言,却具有共性特征。高技术企业的人力资本具有高知识性、高创新性等特征,通过对知识的应用和创新形成具有商业价值的技术和服务等创新,并推动其转化成具体的产品或服务,从而满足社会需要,实现其市场价值,是知识资本增值的基础动力要素。高技术企业的组织资本为人力资本作用的发挥提供各种支持和保障,通过各种组织制度、组织文化、知识产权和知识管理设施等,实现高技术企业的人力资本保值和增值。高技术企业的关系资本使群内不同企业或者企业同相关机构通过非契约的方式产生长期的纵向或横向的联系与合作,从而推动共享和创新活动的开展,促进知识资本增值的实现。

2. 科研院所知识资本维

HTVIC 中的科研院所主要负责人才的培养和培训,并进行原发性的知识创新,其知识资本价值的增值主要表现在两个方面:一是为高技术企业及其他 HTVIC 成员输送具有高增值潜力的人力资本,二是提供高技术产业价值实现的基础知识和创新知识。HTVIC 中的科研院所的知识资本与高技术企业知识资本通过信息网络等虚拟手段,以组织接近的方式实现了知识资本的价值增值功能。

3. 中介机构知识资本维

HTVIC 的中介机构包括金融机构、培训机构、行业协会和除了科研院所与政府之外的其他服务型机构,为高技术产品或服务的实现提供资金、咨询和培训服务等,并通过组织管理、制度安排、基础设施建设等举措推进 HTVIC 的发展。其知识资本价值实现主要表现在三个方面:中介机构及少数企业家发现并识别机会、注入资金和提供经验,促进企业衍生;对于不同的 HTVIC 成员,中介机构创造相互了解和相互联系的机会,促成跨地域的不同成员间信任关系的建立,推动知识资本要素的流动,并规范和促进 HTVIC 成员之间合法的竞争合作活动;中介机构还促成成员同外界的联系,进行市场调查发现市场需求,建立和完善销售渠道等,促成知识资本增值的实现。

4. 政府知识资本维

政府是 HTVIC 的重要支撑力量,不同地域的政府相互联系,联合对 HTVIC 提供服务和进行监督,其知识资本价值的实现主要表现在为 HTVIC 的发展提供相关政策支持,承担部分基础设施建设任务,建立规范,维护公平的竞争环境等。

2.4.2 HTVIC 知识资本增值系统的自组织特性

HTVIC 知识资本有序结构的形成和发展是个自组织过程,具有如下自组织特性。

HTVIC 知识资本增值系统是开放系统。HTVIC 是介于市场和企业之间的中间组织，其松散性特征使得成员可以随时加入或退出，带来成员知识资本流入或流出HTVIC知识资本系统。同时，HTVIC知识资本要素需要不断地积累和更新，外界环境的人力资本、组织资本和关系资本可能会独立进入系统，内部要素也可能从系统流出。另外，物质资本、有益的制度等负熵会进入系统，内部熵增等无效能量可以流出系统。从长期来看，HTVIC知识资本系统存在和外界物质、能量和信息的交换，是个开放系统。

HTVIC知识资本增值系统存在非线性作用。HTVIC成员由不受地域限制的高技术企业和各类机构组成，不同成员知识资本之间存在着相互作用。为实现价值增加，同质类企业表现为竞争性协作，而异质类企业表现为互补性合作，在某一价值链上还可能出现纵向延伸的竞争。成员知识资本的相互竞争与相互合作所创造的HTVIC知识资本价值，远远大于成员知识资本价值之和，说明在HTVIC知识资本增值系统内存在着非线性作用。

HTVIC知识资本增值系统具有远离平衡态特征。HTVIC成员知识资本具有多样性，单个成员知识资本总是在努力实现自身知识资本价值的最大化，成员知识资本增值具有不平衡性，不同成员知识资本通过竞争和合作使系统处于远离平衡态的状态。

HTVIC知识资本增值系统中存在涨落，巨涨落导致有序结构产生。涨落是系统宏观量对平均值的偏离呈现出的起伏的现象，当系统处于稳定状态时，涨落是对系统的一种干扰，很快衰减；当系统处于临界状态时，一些微涨落由于得到大多数子系统的响应而迅速被自组织作用放大成巨涨落，带动系统旧结构失稳并向新的有序结构发展。HTVIC知识资本增值系统受到外部环境和内部成员相互作用关系的影响，形成对平均值的偏离，在临界状态时，系统的自组织作用放大涨落，形成HTVIC知识资本增值的序参量，引导HTVIC形成一定的组织结构、功能和行为，以实现HTVIC知识资本增值，即形成新的有序结构。

2.4.3 HTVIC 知识资本增值系统的自组织动力学方程

自组织协同学揭示了系统自组织动力学过程,动力学方程用在企业系统中一般表示为 $dx/dt = f(a,x)$,x 是一组描述系统运动的状态变量,a 是受外界影响或控制的参量,f 表明系统状态变量和外界控制参量的函数关系,t 表示时间,dx/dt 表明系统随时间的演化规律。演化是自组织系统对外界环境的自适应、自调整,表明了系统从低级走向高级,从简单走向复杂,从无序到有序再到新的有序的过程。

在 HTVIC 知识资本增值系统中,不同成员知识资本子系统相互作用,共同形成 HTVIC 知识资本增值。采用自组织动力学方程描述,由 HTVIC 知识资本增值系统维度结构可以建立如下动力学模型。

$$dS/dt = -kS + \beta(E,R,I,A) + G \quad (2-1)$$

$$dE/dt = -k_1 H + \beta_1(E,I,R,A) \quad (2-2)$$

$$dI/dt = -k_2 H + \beta_2(E,R,I,A) \quad (2-3)$$

$$dR/dt = -k_3 H + \beta_3(E,I,R,A) \quad (2-4)$$

$$dA/dt = -k_4 S + \beta_4(E,R,I,A) \quad (2-5)$$

模型中 S、E、R、I 和 A 是状态变量,分别表示 HTVIC 知识资本、高技术企业知识资本、科研院所知识资本、中介机构知识资本和政府知识资本,其他参数为受外界影响和控制的参量,其中 k、k_1、k_2、k_3 和 k_4 分别表示 S、E、R、I 和 A 的变化率和其原有状态的关系,β、β_1、β_2、β_3 和 β_4 表示随机涨落外力对四维度协同作用的影响所导致的 S、E、R、I 和 A 的变化,G 表示随机涨落外力对 HTVIC 知识资本变化的影响,t 表示时间。

公式(2-1)表示 HTVIC 知识资本增值系统随时间的演化规律,包括 HTVIC 知识资本的变化状况、随机涨落外力对四维度协同作用的影响所导致的 HTVIC 知识资本的变化,以及随机涨落外力对 HTVIC 知识资本变化的影响。公式(2-1)说明 HTVIC 知识资本作为系统的宏观参量,不仅受到原有状态的影响,还受到其子系统协同作用的影响以及外部环境等随机外力的影响。公式(2-2)、(2-3)、(2-4)和(2-5)分别表示 HTVIC 知识资本的子系统随时间变化的演化规律,包括高技术企业知识资本、科研院所知识资本、中介机构知识资本和政府知识资本的变化状况以及随机涨落外力对四维度协同作用的影响所导致的相应子系统的变化。

上述动力学模型描述了 HTVIC 的原有状态、维度结构及随机外力,促进了 HTVIC 知识资本的形成与演化,也促进了其子系统的演化与发展。同时,子系统的演化又反作用于 HTVIC 知识资本,其要素的改善使子系统之间的协同作用发生变化,进而影响 HTVIC 知识资本增值系统的演化。

2.4.4　HTVIC 知识资本增值系统的势函数分析

知识资本是能够带来价值的,知识资本增值就在于持续不断地带来价值。HTVIC 知识资本增值是由高技术企业知识资本、科研院所知识资本、中介机构知识资本和政府知识资本相互作用,协同发展而实现的,即 HTVIC 知识资本增值系统是其子系统在序参量"命令"下,通过自组织运动而形成的,子系统之间存在非线性作用,其最简单的运动形式是非简谐振子运动。

令式(2-1)中随机外力 $G = g \cdot S$,其中 g 表示促进 HTVIC 知识资本增值系统演化的控制参量,根据非简谐振子运动方程的表达形式 $dq/dt = -mq - nq^3$,(2-1)式可以简化成如下非线性形式。

$$dS/dt = (-k + g)S - \beta S^3 \qquad (2-6)$$

式(2-6)表明了 HTVIC 知识资本增值系统的演化过程,其中 $-\beta S^3$ 表示 HTVIC 知识资本增值系统的非线性。

在自组织理论中,势函数用来研究系统的结构、性能和演化行为,若有函数 $V(x)$,使得 $V'(x) = -dx/dt$,则 $V(x)$ 为原动力学方程的势函数,结合式(2-6)有

$$V'(S) = -dS/dt = -(-k + g)S + \beta S^3 \qquad (2-7)$$

对式(2-7)两端进行积分,得到 HTVIC 知识资本增值的势函数,即

第2章 HTVIC 知识资本增值机理及机制框架

$$V(S) = -(-k+g)\frac{1}{2}S^2 + \frac{\beta}{4}S^4 \quad (2-8)$$

$V(S)$的最小值是系统的稳定点,表明系统处于稳定态,稳定态是系统的常态,既可以是无序,也可以是低级有序;$V(S)$的最大值是系统的不稳定态,不稳定态预示了新的稳定态,表明系统向新的有序发展,有序既可以是进化有序,又可以是退化有序,即新的无序,关键在于序参量的选择。当序参量促进系统进化发展时,为进化有序,反之为退化有序。自组织演化通过稳定态的改变说明了系统的进化有序过程。

根据式(2-8)的二次项系数所决定的曲线形状,HTVIC 知识资本增值系统的演化有以下两种情形。

当$(-k+g)<0$时,即维持原有状态的参量大于促进系统演化的参量时,曲线如图2-1所示曲线Ⅰ,HTVIC 知识资本如同处于势函数谷中的粒子,受到外界随机力和内部子系统协同作用的影响,HTVIC 知识资本从无到有的产生,在 HTVIC 知识资本形成后,粒子离开平衡位置$(S_0,0)$,沿势函数斜坡向上运动,但受到恢复力的作用又回到平衡点,如此反复在稳定点附近震荡,这说明 HTVIC 知识资本增值系统的势能较弱,子系统之间的协同作用较差,HTVIC 知识资本增值序参量的作用较弱,增值系统暂时处于相对稳定状态,还不能向新的结构发展。

当$(-k+g)>0$时,即促进系统演化的参量大于维持原有状态的参量时,曲线如图2-1所示曲线Ⅲ,势函数原来的平衡位置$(S_0,0)$变成不稳定状态,出现两个极值点$V(S_1)$和$V(S_2)$和左右两个能谷,在随机外力和子系统的协同作用下,粒子可能偏离原来的平衡位置,以相等的概率出现在两侧能谷中,随时达到新的均衡点$[S_1,V(S_1)]$或$[S_2,V(S_2)]$,HTVIC 知识资本增值系统出现两个状态,形成系统的非平衡相变,说明此时 HTVIC 知识资本增值系统势能较强,子系统之间自组织协同作用加强,HTVIC 知识资本增值的序参量发挥作用,引导增值系统从旧有序向新有序结构发展,而且反过来支配子系统行为。

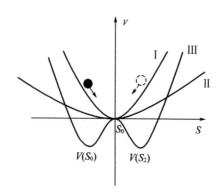

图 2-1 势函数曲线变化图

2.4.5 基于势函数的 HTVIC 知识资本增值系统自组织演化

HTVIC 知识资本增值的自组织演化表现在非平衡相变、对称性破缺和分叉与涨落。

1. 非平衡相变

非平衡相变是在远离平衡态条件下,系统的结构从一种稳定状态到另一种稳定状态改变的现象。由于外界涨落力及子系统之间的协同作用,在临界值状态时,HTVIC 知识资本增值系统的非平衡相变就会产生,是系统对环境的自适应、自调节、自组织的结果。

如图 2-1 所示,在势函数的二次项系数从负到正的变化过程中,势函数曲线经历 Ⅰ-Ⅱ-Ⅲ 的变化,其斜率越来越小,原来平衡位置越来越平坦,系统的恢复力越来越弱。在远离平衡点 $(S_0,0)$ 时,外界环境的变化使得成员知识资本以要素的形式在虚拟空间发生相互作用形成 HTVIC 知识资本,随着序参量增大,序参量对子系统的役使作用增强,当达到临界值时,序参量支配系统脱离原有的状态,向新的状态发展。

新的稳定结构一旦形成,子系统的微小变化便不会影响系统的稳定性,但当系统再次处于临界状态时,任一子系统的变化都会引起子系统间协同作用发生变化,再加上外界作用力的影响,系统就会产生新的

HTVIC 知识资本,在序参量的支配作用下,系统开始新的非平衡相变。HTVIC 知识资本增值系统演化就是由这样不断产生的非平衡相变而组成的。

2. 对称性破缺

如图 2-1,势函数曲线形状从Ⅰ到Ⅲ的变化表明系统的对称性并没有发生改变,区别在于曲线Ⅰ和Ⅱ各有一个稳定点,而曲线Ⅲ却有两个稳定点。在实际系统中,曲线Ⅲ所示的两个稳定点无法同时实现,要么处于$[S_1,V(S_1)]$,要么处于$[S_2,V(S_2)]$,说明系统在非平衡相变后出现了对称性的改变,即出现对称性破缺。

在 HTVIC 知识资本增值系统中,不受地域限制的虚拟性特征导致外力和序参量要素的多种变化,会影响到子系统之间的协同作用,使系统的状态出现多种可能的选择。一旦影响系统的外力和序参量某一要素变化的大小和速率确定后,通过系统的自组织,系统只能向某一稳定状态点发展,而没有别的可能,这时就会出现对称性破缺,即出现有序结构,实现 HTVIC 知识资本增值系统从无序到有序的演化。

3. 分叉与涨落

势函数经过相变后,在临界点处从一个稳定解的状态发展到具有多个解的状态,称为分叉现象。分叉产生于涨落被自组织作用放大后,系统可能会出现多个分支,任一分支都具有分形特征,在满足条件时不断地产生新的分支,系统选择任何一个分支都是跃迁式发展。把平衡位置 S 表示为 $(-k+g)$ 的函数,如图 2-2 所示,当 $(-k+g)<0$ 时,出现一个稳定解 $(S_0,0)$,系统处于稳态;当 $(-k+g)>0$ 时,原来的稳定解变成 $[S_1,V(S_1)]$ 和 $[S_2,V(S_2)]$,系统出现分叉。

A_0 为 HTVIC 知识资本增值系统的原始状态,A_0-A_1 是系统离开原来的平衡态,处于非平衡的线性区,表示系统变化趋势增强,A_1 是分叉点,A_1-B_2 是系统不稳定的非线性关系,说明此时系统具有多种演化的可能,既可以形成 A_1-B_1 分支,又可以形成 A_1-B_3 的分支,这是由不同的序参量所决定的。当系统处于 A_1-B_1 分支上时,外界环境的变化及序参量任一要素的变化,引发新的涨落,出现新的分叉点 B_1,具有 $B_1 - C_1$ 和 $B_1 - C_3$ 两个分支,形成系统的跃迁式发展。

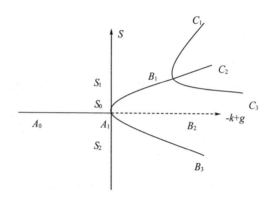

图 2-2　$S \sim (-k+g)$ 函数

HTVIC 知识资本增值系统具有跨地域性和成员知识资本主体多样性的特征,不同地域的政策环境、市场环境、资源环境等,以及系统内部各成员知识资本主体之间的相互作用关系等因素影响着系统宏观参量的值,从而形成系统对平均值的偏离,通过子系统的自组织作用放大为巨涨落,成为序参量 HTVIC 知识资本。随着序参量的演化发展,HTVIC 知识资本增值系统不断向最优状态跃迁式演化,最终形成新的有序结构。

综上,HTVIC 知识资本增值是 HTVIC 成员进行自组织协同作用的结果,HTVIC 知识资本增值系统的演化随其序参量的演化而出现多种可能,因此,创造条件促进期望序参量的形成和发展,会推动 HTVIC 知识资本增值系统出现跃迁式进化发展。

2.5　HTVIC 知识资本增值机制的框架

2.5.1　HTVIC 知识资本增值系统的序参量识别

协同学的创始人哈肯认为,系统在实现自组织有序的过程中,存在慢变量和快变量。在 HTVIC 知识资本增值系统中,子系统成员知识资本及增值能力是快变量,而 HTVIC 知识资本及增值能力则是慢变量,即序参量,其决定了系统的演化进程和方向,支配了子系统的发展与演化。

当 HTVIC 未形成时,不受地域限制的企业和相关机构在各自目标的引导下独立作用,实现自身知识资本价值增值,此时 HTVIC 知识资本为零。当 HTVIC 形成后,成员知识资本以要素的形式相互合作,形成 HTVIC 知识资本,由于外界环境的影响,为实现 HTVIC 知识资本增值的最大化,子系统在 HTVIC 知识资本的支配下协同运动,形成有序结构。HTVIC 知识资本及增值能力从无到有的产生,是描述 HTVIC 知识资本增值系统的宏观参量,对子系统存在役使作用,指示新结构的形成,符合序参量特征,是 HTVIC 知识资本增值系统的序参量,简记为 HKC。增值能力是对 HTVIC 知识资本的一种衡量。

另外,通过哈肯模型也可以对序参量进行识别。哈肯模型描述了在一定的外力条件下,系统的不同变量发生相互作用而形成的结构演化过程,系统的状态变量分别表示为 q_1 和 q_2,有

$$\dot{q}_1 = -\lambda_1 q_1 - a q_1 q_2 \quad (2-9)$$

$$\dot{q}_2 = -\lambda_2 q_2 + b q_1^2 \quad (2-10)$$

式中 λ_1、λ_2 是阻尼系数,a 和 b 为控制参量,表明 q_1 和 q_2 的相互作用强度,式(2-9)和式(2-10)表明两个子系统的相互作用关系,系统的一个定态解为:$q_1 = q_2 = 0$,此时说明系统内没有任何活动。设 $\lambda_2 \geq \lambda_1$,且 $\lambda_2 > 0$,表明 q_2 的阻尼大,是衰减快的变量,此时,采用绝热消去原理,令 $\dot{q}_2 = 0$,则有

$$q_2 \approx \frac{b}{\lambda_2} q_1^2 \quad (2-11)$$

式(2-11)表明,q_1 对 q_2 具有支配作用,q_2 随 q_1 而变化,则 q_1 为序参量,系统(2-9)即称为支配系统,系统(2-10)称为随动系统,随动系统对支配系统具有反作用。将式(2-11)带入(2-9)式,得到序参量方程

$$\dot{q}_1 = -\lambda_1 q_1 - \frac{ab}{\lambda_2} q_1^3 \qquad (2-12)$$

将哈肯模型离散化,有

$$q_1(t+1) = (1-\lambda_1)q_1(t) - aq_1(t)q_2(t) \qquad (2-13)$$

$$q_2(t+1) = (1-\lambda_2)q_2(t) + bq_1^2(t) \qquad (2-14)$$

考虑到 HTVIC 知识资本增值系统的状态变量为 HTVIC 知识资本及增值能力和成员知识资本及增值能力两类,增值能力值由指标评估得出为 M 和 N,为方便计算,带入离散模型(2-13)和(2-14)中,采用 SPSS 进行回归试算分析,当满足 $\lambda_2 \geqslant \lambda_1$ 时,可确定状态变量 M 为衰减慢的变量,即 HTVIC 知识资本及增值能力(HKC)为系统的序参量,增值能力表明 HTVIC 知识资本的大小。

2.5.2 HTVIC 知识资本增值系统的序参量作用

序参量 HKC 是客观参量,是对系统有序程度的衡量。在系统无序时,序参量 HKC 为零,当系统由于外界环境的变化,成员知识资本相互协同形成了有益于增值的结构、功能或行为时,即产生了有序,此时序参量 HKC 取最大值。

序参量 HKC 是宏观参量,是子系统协同运动的产物。HTVIC 知识资本描述的是系统的宏观状态,并不是某成员知识资本所独自具有的。在外界环境的作用下,成员知识资本以要素的形式相互竞争、合作或共生。竞争是协同的基础,成员知识资本的竞争,淘汰"旧"的或"过时"的知识资本。成员知识资本的合作或共生,形成或强化"新"的知识资本。HTVIC 知识资本的形成,是系统内部自组织作用的结果。

序参量 HKC 对子系统具有役使作用,决定了系统的发展方向。当序参量 HKC 未形成时,各子系统独立运行,虽然部分成员知识资本存在相互关联的运动,但还不能束缚其他成员知识资本的独立运动,系统表现出无序状态,不能形成系统整体的增值;当到达临界区域时,随着外界环境的变化(外部控制参量达到阈值时),一些微涨落受到多数子系统的响应而放大为巨涨落,在高于临界值时,成员知识资本的协同运动占据主导地位,系统出现了由子系统协同运动的产物——HTVIC 知识资本及增值能力(HKC)决定的有序结构,此时各子系统在序参量 HKC 的"命令"下协调一致地行动,如图 2-3 所示。

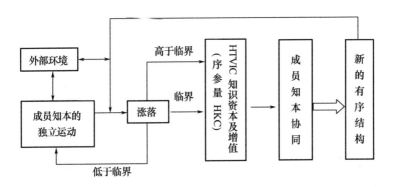

图 2-3 序参量的形成及作用机理

序参量 HKC 的变化将支配子系统产生相应的变化,并最终主宰系统的演化与发展。对序参量方程(2-12)式右侧相反数积分可获得序参量的势函数

$$V_{\text{势}} = \frac{1}{2}\lambda_1 q_1^2 + \frac{1}{4}\frac{ab}{\lambda_2}q_1^4 \qquad (2-15)$$

将 M 代入势函数,当 $\lambda_1 > 0$ 时,存在一个稳定解 M_0,当 $\lambda_1 < 0$ 时,存在两个稳定解 M_1 和 M_2。因公式(2-15)与公式(2-8)相对应,令 $-\lambda_1 = -k + g$,$M_0 = S_0$,$M_1 = S_1$,$M_2 = S_2$,则序参量 HKC 也出现图 2-2 所示的分叉现象。

可以看出序参量 HKC 在临界点处出现分叉,既可以出现 A_1B_1 状态,又可以出现 A_3B_3 状态,在任一分支上,随着增值能力的大小变化,又会出现新的分支。序参量决定系统的演化,HTVIC 知识资本及增值能力(序参量 HKC)的变化将使 HTVIC 知识资本增值系统随之出现自组织跃迁式演化,也就是说序参量 HKC 的演化与 HTVIC 知识资本增值系统的演化具有一致性,HTVIC 知识资本增值系统的多种发展可能源于序参量 HKC 的多种状态,要推进 HTVIC 知识资本增值系统的跃迁式进化,就需要从序参量 HKC 着手。

2.5.3 基于序参量强化的 HTVIC 知识资本增值机制框架

1. 增值机制的必要性

HTVIC 知识资本增值系统的跃迁式演化,是一个从无序到有序再到更加有序的周而复始的过程,至于最终形成何种序是由序参量 HKC 决定的。序参量 HKC 是成员自组织协同的产物,具有不同的演化可能,引入外力对序参量进行引导和监督,将有利于推动系统向人们预期的方向发展,有助于 HTVIC 知识资本增值系统的进化有序,即增值的实现和最大化。对序参量 HKC 进行引导和监督就是要发挥人的能动性,从主观意愿出发建立一套机制。

机制是一系列的管理制度或方法体系,给出了主动的行为方式,解决如何进行和如何更好进行的问题。机制和机理是有区别的:机理是对客观规律的一种反映,可能会采用不同的研究方法,会从不同角度揭示不同的侧面,但总体而言不同研究所揭示的机理是同一的,机理没有好坏之分,只有揭示方法是否适合的比较;机制体现的是一种主动性,可以是多种多样的,是根据机理而做出的人的主观反映,不同机制对同一问题的解决具有不同的效果,能够比较优劣、择优选择。因此,对于社会经济系统来讲,机制既反映了系统构成要素相互联系和相互作用的客观规律,又在尊重规律的前提下促进了进化发展,属于一种促进系统演化的参量 g。

因此,从强化序参量角度建立 HTVIC 知识资本增值机制具有必要性,主要表现在以下两个方面。

(1)提升序参量 HKC。序参量 HKC 即 HTVIC 知识资本及增值能力,增值能力是对 HTVIC 知识资本的衡量。HTVIC 知识资本增值能力具有方向性,当其处于正向分支时,将有助于系统实现进化演化;当其处于负向分支时,将促成系统退化演化。同时,HTVIC 知识资本增值能力具有大小和速率的变化,HTVIC 成员协同过程中的自组织行为将对其产生不同程度的影响。为提升 HTVIC 知识资本增值能力,需要建立机制对成员的行为进行规范和引导,从而促进增值有序的尽快实现。

(2)充分发挥序参量 HKC 的作用。序参量 HKC 形成后,将役使 HTVIC 知识资本增值系统的演化和发展。具有不同利益要求的 HTVIC 成员,在跨地域的合作中会存在文化冲突问题、网络安全问题、知识产权问题、搭便车现象等,这些成为系统的熵增,不断增加系统的无序性,降低和减弱了序参量 HTVIC 知识资本增值能力的作用,因此,有必要构建增值机制以抑制熵增,从而间接增强序参量。

需要注意的是,HTVIC 知识资本增值机制作为一种外力,是通过自组织一起发挥作用的。在 HTVIC 知识资本增值系统中,自组织依然处于主导地位,因此从系统整体角度来看,系统的增值有序是自组织形成的。在 HTVIC 中引入的机制,对成员自组织行为不具有强制力,而是从提供建议和策略的角度,引导成员更好地进行自组织协同,从而强化序参量,进而实现增值涌现,有利于实现组织预期并促进系统的优化和发展。

2. 增值机制的构成框架

HTVIC 知识资本及增值能力是成员知识资本相互协同而形成的,在形成后,作为序参量又支配子系统的协同行为而实现系统的增值,即实现协同效应。可见,成员知识资本间的协同是 HTVIC 知识资本增值系统有序结构形成的内在原因,因此,为提升 HTVIC 知识资本增值能力并充分发挥其序参量作用,可以从协同入手构建增值机制。

HTVIC 知识资本增值协同有两个具体过程:一是 HTVIC 知识资本的存量形成和增加过程。从知识资本的知识性特征来看,HTVIC 知识资本的存量形成和增加是知识到知识资本的转化过程:成员知识通过广义知识创新活动生成成员层知识资本存量,又通过成员间的相互作用在虚拟空间生成集群层知识资本存量;通过创新适应性的提升,增加 HTVIC 知识资本的存量。由于知识资本自身所具备的价值属性,随着存量的增加,其价值创造的潜力也会增强。二是 HTVIC 知识资本的运用过程。从知识资本的资本性特征来看,知识资本只有在运用中才会实现增值,存量是增值的基础,运用才是增值的具体实现。从知识资本到价值增值的转化,体现的是 HTVIC 知识资本的价值提取能力。为促进这两个过程的进行,可以构建 HTVIC 知识资本的价值创造机制和价值提取机制,而创造机制是提取机制的基础。构建这两个机制的目的在于创造外部条件,以改善实际协同过程,进而形成序参量 HKC 提升并进行正反馈。

另外,序参量在形成后,又支配子系统的协同行为而实现系统的增值,即实现协同效应。协同效应是成员知识资本协同所追求的目标和结果,对协同增值进行测量和评估形成 HTVIC 价值评估机制,将有利于发现成员知识资本协同行为是否有效,从而进行有效管理并对创造与提取机制进行优化,以实现新的价值增值循环。

HTVIC 知识资本增值机制的框架如图2-4所示。

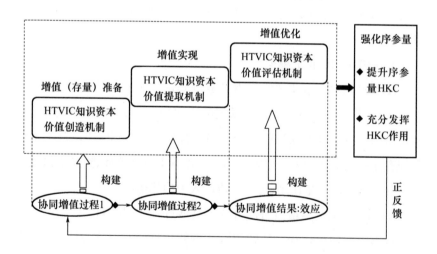

图2-4 基于序参量的 HTVIC 知识资本增值机制框架

(1) HTVIC 知识资本价值创造机制。HTVIC 的价值创造即是要形成和增加 HTVIC 知识资本存量,这是 HTVIC 知识资本实现增值的基础。HTVIC知识资本存量是特定时点HTVIC知识资本的总量,其增加有三种途径:一是知识资本的积累;二是外购知识资本;三是知识资本创新。知识资本创新凸显了HTVIC主体之一的高技术企业的特征,而且知识资本创新的本质是知识创新,因此,本书从知识创新角度研究价值创造机制,以实现存量形成和增加,为增值奠定基础,包括HTVIC知识资本存量形成机制和HTVIC知识资本存量增加机制。

HTVIC知识资本存量形成机制主要解决如何通过知识创新形成HTVIC知识资本的问题。CAS理论揭示了个体通过自适应活动形成整体涌现的过程,因此本书利用CAS理论来分析HTVIC成员知识资本如何形成HTVIC整体知识资本,并进行制度设计。HTVIC成员需要进行一系列的个体活动,称为成员层创新,包括知识获取、知识整合和知识应用。知识获取通过交易方式、非正式方式和组织合作方式来实现;知识整合包含显性整合、隐性整合、显化整合和隐化整合四种模式;知识应用主要是知识依附于不同载体,从而形成知识资本要素。HTVIC成员层创新通过聚集、非线性等作用形成HTVIC知识创新结构、创新模式和创新效应,为HTVIC集群层创新,通过建立知识共享制度和知识成果转化制度,以促进集群层创新,进而形成HTVIC知识资本存量。

HTVIC知识资本存量增加机制是在知识资本存量形成机制的基础上,考虑了HTVIC成员的关系强度、创新方式以及学习方式的影响及相互作用,通过对NK模型改进并仿真,提出基于关系强度和创新方式的存量增加和基于组织学习的存量增加。HTVIC知识资本存量增加来源于知识创新,在HTVIC成员处于强关系时,应进行利用式学习,以实现HTVIC的渐进式创新;在HTVIC成员处于弱关系时,应进行探索式学习,以实现HTVIC的突破式创新。这里给出了在一定的关系强度下,学习方式与创新方式的最佳匹配。为提升知识资本存量,还可以从改变关系强度入手,考虑HTVIC所处的发展阶段:在HTVIC稳定发展阶段,要努力实现关系增强,从而进行利用式学习以促进渐进性创新;在HTVIC升级发展阶段,则要降低关系强度,从而进行探索式学习以促进突变性创新,最终促进 HTVIC 知识资本存量的增加。

(2) HTVIC 知识资本价值提取机制。知识资本是以知识的形态存在和运动的,作为知识化的资本,只有在运动中才会真正实现增值。从 HTVIC 知识资本的要素构成角度来看,HTVIC 价值提取机制包含 HTVIC 的人力资本价值提取、组织资本价值提取和关系资本价值提取三个部分,通过对要素的运用和优化最终能实现和增加 HTVIC 知识资本的价值。

HTVIC 人力资本价值提取机制主要解决人力资本投资和人力资本激励问题。人力资本是知识资本价值实现的最具主动性的因素,在物质资本有限的条件下,对人力资本进行投资优化将提高人力资本的价值实现效率。HTVIC 人力资本具有异质性和多样性特征,针对不同类型的人力资本,对 HTVIC 人力资本再培训投资量进行最优决策,并给出相关策略建议,从而发挥有限的物质资本对人力资本的驱动作用,以利于创新及价值实现。同时,发挥人力资本的主动性还需要对人力资本进行激励,从创新的角度建立人力资本激励的制度安排,以期提高激励水平,形成创新氛围,从而产生更多有价值的创新,并直接带来价值增加。

HTVIC 组织资本价值提取机制主要是对组织资本要素进行运营、整合和优化,从而有利于组织资本价值作用的实现,包括 HTVIC 知识产权运营、HTVIC 跨区域文化整合和 HTVIC 组织制度优化三个方面。HTVIC 的知识产权具有私人产品和公共产品的双重属性,因此要兼顾成员个体的获利性和成员整体的社会性,即要考虑私人利益和公共利益的一致性,建立 HTVIC 集中知识产权代理机构、促进 HTVIC 知识产权供给增加、进行 HTVIC 知识产权适度保护和促进 HTVIC 知识产权交易,将促进 HTVIC 知识产权有效运营、实现价值。同时,HTVIC 特有的跨地域性使不同地域文化具有根植性特征,又相互交融体现多样的文化创新性,考虑到根植性和创新性,应对 HTVIC 跨区域文化进行整合以实现文化协调。另外,HTVIC 所特有的虚拟性使得政府间、成员间、管理机构与成员间都需要相应的制度保证,建立政府间协调制度、平台支撑制度和HTVIC的弱管理制度,将有效实现组织制度优化。

HTVIC关系资本价值提取机制主要解决HTVIC多个成员之间以及与外部顾客的关系问题,从HTVIC成员内部关系看,有成员间的信任合作关系,从HTVIC与外部顾客关系看,主要在于提高顾客的忠诚度和满意度。HTVIC成员之间的关系从广义上讲是种存在竞争的合作关系,而合作则取决于成员间的信任,根据合作的方式,建立基于制度的信任,包括声誉制度、评估制度和传递制度,以此增强成员间的彼此信任,实现合作价值。HTVIC与顾客的关系主要是通过建立HTVIC集群品牌、建立顾客公共数据库及重视顾客参与和体验三种途径,来提供让顾客满意的产品和服务,通过顾客忠诚和满意度的提高来增强HTVIC外部顾客信任,实现外部关系价值。

(3) HTVIC知识资本价值评估机制。成员知识资本协同产生增值,即协同效应,对其评估有助于发现增值过程中存在的问题,以此对HTVIC知识资本进行有效管理,从而强化知识资本增值能力,实现增值优化。由于HTVIC是由多个成员组成的,为保证评估过程的客观性和真实性,成员可以协商组成一个评估执行机构,负责日常评估活动的具体组织和安排。对知识资本价值的评估包括三个方面,即HTVIC人力资本增值评估、组织资本增值评估和关系资本增值评估,由此制定评估指标体系。为减少主观因素的影响,客观地反映HTVIC知识资本协同增值效果,应采用适当的方法进行指标筛选和权重确立。同时还需要采用一定的方法计算综合评价结果,进而给出增值效果的判断。为促进评估活动的有效进行,要进行相关的制度设计,当增值效果不满意时,要积极采取有益的管理措施来促进增值优化。

2.6 本章小结

本章分析了HTVIC知识资本增值的基本问题,包括HTVIC的形成和虚拟特征,HTVIC知识资本的内涵和特征,HTVIC知识资本增值的条件,目的在于更好地理解 HTVIC 知识资本增值的内涵;采用自组织理论对 HTVIC 知识资本增值的势函数进行分析并得出结论:HTVIC 知识资本增值存在自组织的跃迁式演化;序参量决定了演化的方向,为实现序参量对系统发展的正向引导作用,从提升序参量的角度提出了 HTVIC 知识资本增值机制框架,包含价值创造机制、提取机制和评估机制。

第3章　HTVIC知识资本价值创造机制

知识资本具有知识性特征,以知识的形态存在和运动,当知识转化为知识资本时,就具有了价值创造潜力。本书从HTVIC知识资本存量形成和存量增加两个方面来构建HTVIC知识资本价值创造机制,为增值的实现提供存量准备。

3.1　HTVIC知识资本价值创造潜力分析

沙利文在他的著作《价值驱动的智力资本》中提到知识资本的价值创造,他认为价值创造揭示了知识资本与价值的最基本关系,也就是说价值创造处于知识资本增值的第一阶段,价值创造潜力表明不同的知识资本存量对增值的影响,价值创造潜力的形成为增值的实现奠定了基础。

HTVIC知识资本价值创造潜力来自于HTVIC知识资本存量形成和增加两个方面,其实质是知识向知识资本的转化过程。HTVIC知识资本的存量形成包含两个层次:成员层知识资本存量形成和集群层知识资本存量形成。成员层知识资本存量是成员进行一系列的知识活动而形成的,在此基础上又在虚拟空间集聚和非线性作用,从而形成集群层知识资本存量。HTVIC知识资本存量增加是在HTVIC知识资本形成的基础上再次进行知识相关活动,从而形成更多的知识并转化为HTVIC知识资本。

HTVIC知识资本的价值创造潜力和知识创新紧密相关。HTVIC知识资本的存量形成和增加主要有三种方式:一是知识资本积累,由于知识资本具有蚀耗性,仅有知识资本积累难以持续创造价值的增加;二是外购知识资本或知识,然后根据自身需求转化为自己的知识资本,这里包含着知识创新过程;三是在原有知识基础上的直接知识创新,通过创新产生新知识,以不同载体形式创造价值时成为知识资本。后两种方式都与知识创新有关,都将有效促进知识资本价值的持续增加,而且HTVIC 的主体是高技术企业,其知识资本存量的增加更是来自于创新。因此,HTVIC 知识创新是 HTVIC 知识资本存量产生和增加的主要途径,HTVIC 价值创造机制的构建必然要围绕 HTVIC 知识创新来进行。

因此,本章围绕 HTVIC 知识创新,构建 HTVIC 知识资本的存量形成机制和 HTVIC 知识资本存量增加机制,最终形成 HTVIC 知识资本的价值创造潜力,为 HTVIC 知识资本增值提供存量基础。

3.2 HTVIC 知识资本存量形成机制

3.2.1 HTVIC 知识资本存量形成的 CAS 特征和层次

1. HTVIC 知识资本存量形成与知识创新

HTVIC 知识资本存量是通过一系列的知识活动而形成的,本书把这些活动统称为 HTVIC 知识创新。知识创新是创新理论和知识理论相结合的产物,美国学者艾米顿首次提出了"知识创新",他认为知识创新是新思想的产生、传播与应用,以及商业化的过程。国内学者何传启提出广义的知识创新是通过科学研究获得新知识的过程,包括科学知识创新和技术知识创新。Geoffrey 认为集群为成员知识创新提供了环境与支持,Michael 认为企业的创新会形成集群竞争优势。基于此,我们认为,HTVIC 知识创新是 HTVIC 的成员在虚拟空间相互协同而进行的广义的知识创新活动,使得集群整体出现大规模而且频繁的创新现象和创新涌现,最终产生新知识,促使集群创新力及竞争力得到提升。

2. HTVIC 知识资本存量形成的 CAS 特征

本书把 HTVIC 知识资本存量形成过程中的知识创新看作一个系

统。HTVIC知识创新系统是由企业、大学和科研院所、中介机构、政府四类主体构成。主体能感知外部环境并做出一定的反应,不断改变自身的结构和行为方式,从而实现对环境的适应,并与其他主体相互作用,形成系统的演进与发展。HTVIC知识创新系统是一种复杂适应系统,满足CAS的四个特性和三个机制:聚集性,HTVIC的成员分布在不同地域,依靠网络连接,在虚拟空间自组织形成一个整体,产生了整体层面的新知识,形成HTVIC创新能力;非线性,HTVIC的成员相互作用,既有主体内部关系,又有主体之间的联系,交互产生新知识,超越了成员知识线性和;流动性,成员在相互作用中伴随着知识的流动,处在产业链的上个节点的知识输出为下个节点的知识输入,形成知识的再循环效应,并且知识具有可反复使用性,在不同成员的使用过程中带来知识价值的乘数效应;多样性,每个成员为适应环境进行知识创新活动,知识创新的需求和结果产生了其他主体可以选择的生态位,不同的生态位形成了多样性;标识机制,标识区别了不同的主体,促进了知识创新的选择性相互作用;内部模型和积木机制,主体在知识创新活动中,其内部模型对外界刺激做出反应,在与上一层进行相互作用时作为积木块形成新的规则,强调了HTVIC的层次性。

3. HTVIC知识资本存量形成的层次

从微观和宏观角度来看,基于知识创新的HTVIC知识资本的存量形成具有两个层次:成员层知识资本存量形成和集群层知识资本存量形成,如图3-1所示。

单个成员是HTVIC的微观主体,具有主动性和适应性,依据刺激——反应规则,自发与其他主体进行知识互动,形成了新知识或者对原有知识进行重新组合和新的应用,其创新活动是HTVIC知识资本存量形成的基础;不同成员在虚拟空间,由于产业关联而集聚、非线性作用,通过标识、内部模型和积木机制与其他成员进行相互选择和对环境进行适应,进而产生了集群层面的新知识资本,表现为集群创新模式、结构和集群创新效应;同时,HTVIC为基于知识创新的HTVIC知识资本存

■ 高技术虚拟产业集群知识资本增值机制研究

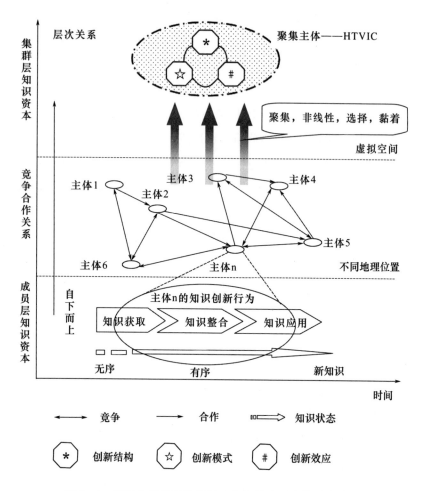

图 3-1　基于知识创新的 HTVIC 知识资本形成的层次关系

量的形成提供了背景条件,产业关联性、对产业知识的共同需求、同质知识之间的竞争及网络和信息手段的应用刺激和促进了知识创新和知识资本的不断产生。

3.2.2　成员层知识资本存量形成

HTVIC 成员层知识资本存量形成主要来自于成员层创新。成员层创新是单个成员主体为适应环境和提高自身竞争力,在与其他主体相互作用时进行的知识创新活动,是集群创新涌现形成的微观基础。首先,知识创新必须以原有的知识为基础,任何成员都不可能拥有创新所需的全部知识,此时成员需从其他成员处获取知识以弥补自身原有知识的储备不足,形成初级知识集合,包括隐性和显性知识,但这里的知识处于杂乱无序状态;其次,通过对外部知识和内部知识的整合,初级知识集合形成清晰的、方便检索和应用的成员内部知识集合,在这个过程中会形成部分新知识,并且实现了知识从无序到有序的转变;最后,当系统化的知识与知识载体相结合,形成可以带来价值的知识资本时,知识实现了应用而完成了创新。因此,成员层知识创新包括以下三个过程:知识获取、知识整合与知识应用。

成员主体的知识创新行为是由一组规则决定的,即若刺激 S 发出,则做出反应 R。HTVIC 知识创新的 S 集合是主体所处的状态,包括主体的知识存量、创新需求、产业链中的位置、成本因素、合作机会、知识类型、载体类型等;R 集合主要是知识创新活动的选择与执行,包括知识获取、知识整合、知识应用;其环境因素包括其他主体的状态及集群内部和外部的经济和社会环境。HTVIC 成员层创新的刺激反应(图 3-2)模型,描述了单个主体的连续知识创新行为,实现了知识从无序到有序再到新知识产生的过程。

1. 知识获取

在管理领域,知识获取强调主体通过一定途径获取他人知识的过程,HTVIC 的知识获取具有如下特点:技术的快速更迭形成了对知识获取的强烈需求;网络及信息平台成为不可缺少的工具和手段,提供了知识内容、交流方式和获取工具;成员借助产业链的分工协作关系获取知识,任一主体的知识获取行为对其他主体及环境存在反馈,刺激了其他主体进行知识获取而形成创新,体现了集群内部的竞争合作关系。这种关系又通过交易活动、非正式交流及合作活动表现出来,因此,HTVIC 的知识获取途径有交易方式、非正式方式和组织合作方式三种,主体根据自身的状态和需要选择合适的方式或者进行方式的组合,以实现创新

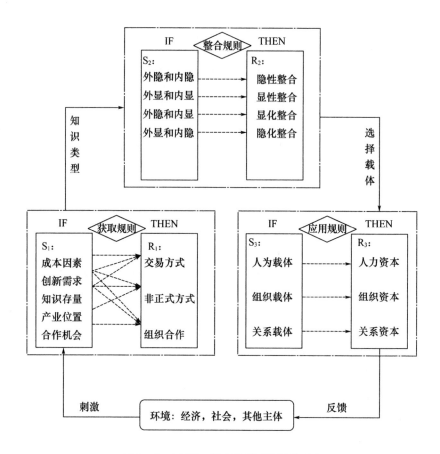

图 3-2　HTVIC 成员层创新的刺激反应

的知识积累。

（1）交易方式。具体表现为购买、接受转让和技术援助。购买和接受转让获取的主要是显性知识，技术援助获取的既可以是技术成果，也可以是派驻人员所带来的隐性知识。知识搜索技术、知识库等信息技术融入知识获取平台，提供了知识信息获取及交易的手段。由于产业知识的相近性，成员间的知识可以互补，当自身研发需要较大的投入时，成员组织通常会采用交易方式获取外部知识。采用交易方式具有明确的目的性，只有当支付的成本小于预期收益时，交易方式才会产生。集群内部成员的交易较外部成员有更多的便利性，成员之间通过经常性的互动,建立了良好的社会关系,彼此之间处于同一集群,组织邻近增强了彼此的信任,组织易于进行沟通和协调,使得交易时所支付的成本要低于外部组织。

(2)非正式方式。主要表现为知识溢出、企业衍生和人员流动。非正式方式获取知识正是组织得以集聚成群的原因。HTVIC虽非地理邻近,但基于网络的组织邻近,成员间由于频繁的网上接触而产生非正式的交流,同时伴随着隐性知识的流动。与交易方式相比,非正式获取方式成本较小,可以忽略,而且由于获取的隐性知识有可能蕴含了关于核心能力的信息,获取方可以获得超额收益。

知识溢出源于产业链活动的相近性、相关性,当处于纵向产业链的上游企业取得技术进步时,蕴含在产品中的知识会随着产业链向下游扩散;当处于横向产业链上,企业通过对比、模仿来获得其他成员的知识信息。企业衍生是高技术产业的重要特征,随着新企业的形成,衍生母体的部分知识转移到新企业中,并可能进一步形成新的应用领域,同时,衍生母体与衍生企业的近缘关系使得新企业容易获得衍生母体的社会关系网络及知识源。集群内人员流动将使技术、经验等知识传递到其他企业,同时带入新的外部联系,而且人员流动也形成广泛和频繁的接触,类似亲缘关系,产生了新的知识网络。

(3)组织合作方式。比较典型的HTVIC组织内部合作形式有产学研合作和虚拟企业,体现了成员之间的协作互动。产学研合作实现了企业和学研机构的联结,学研机构是基础知识的生产基地,为产业知识形成提供支持;企业通过合作取得互补知识而加以技术应用,既推动了产业化的进程,又降低了自身知识开发的投入成本和风险。虚拟企业是企业间的联结方式,围绕项目合作,HTVIC的部分成员为了实现共同的利益目标,基于契约而形成较为稳固的关系,或者强强联合,或者优势互补,以自身的核心知识参与创新,专业知识沿着产业链横向或纵向进行频繁流动,知识屏蔽减少,使各方获得所需知识,这也充分体现了虚拟产业集群的"虚拟成员池"作用。

2. 知识整合

经过知识获取活动后,HTVIC 成员的知识多处于分散和杂乱无序的状态,只有对知识进行整合——择优弃冗、分类有序,才能形成组织的知识体系,实现知识的系统化,促进知识创新的产生。

知识整合的对象是知识,从知识属性上看,知识分为隐性知识和显性知识。野中郁次郎的 SECI 模型对隐性和显性知识的关系进行了描述,从个人隐性知识出发,通过社会化、外在化、组合化和内在化四个过程,实现了隐性知识和显性知识之间的相互转换和螺旋上升过程。和金生教授在此基础上提出融知发酵模型,其基本思想是每一个 SECI 过程都是在相应的知识发酵吧进行的,其要素为知识菌株、知识母体、知识酶、知识发酵工具和环境,并给出了五种发酵类型。借鉴以上理论,我们认为,HTVIC 知识整合是嵌入了知识发酵活动的知识转化过程,如图 3-3 所示。

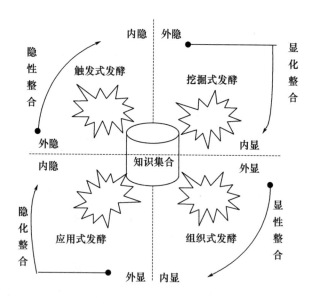

图 3-3　HTVIC 成员主体知识整合模型

HTVIC 知识整合区别于 SECI 知识转化及融知发酵模型:SECI 侧重知识形态从一种形式向另一种形式的转化,HTVIC 知识整合侧重不同类型的知识如何形成组织知识存量,既有形态转化,又有数量变化;SECI研究的是个人层面的知识转化,但 HTVIC 知识整合研究的是组织层面的知识融合;SECI 是个循环过程,起始点是隐性知识,但 HTVIC 知识整合的起始点既可以是隐性知识,也可以是显性知识,是具有间断点的循环过程;融知发酵模型是针对 SECI 过程提出的,但发酵类型和转化过程并不对应,HTVIC 知识整合存在与过程相对应的发酵类型,见表 3-1。

表 3-1 HTVIC 知识整合类型与发酵

整合方式	知识菌株	知识母体	知识酶	发酵工具	环境	发酵类型
隐性整合	战略需求	自身知识源	促进发酵的制度安排	视频会议、信息平台等	内外环境	触发式
显性整合	新的问题	外显与内显知识	协调激励制度	知识分类工具、专家系统和决策支持等	内外环境	组合型
显化整合	外隐的编码化需求	外部隐性知识	内部知识和能力	对话、隐喻、编码和知识挖掘等	内外环境	挖掘式
隐化整合	更新知识的需求	外部显性知识	内部知识及能力	知识地图、知识库等	内外环境	应用式

隐性整合是对外隐和内隐知识的整合。隐性知识是难以用符号等形式表达的知识,一般与企业的核心竞争优势有关,存在于组织的行为或关键人物的头脑中。在组织对隐性知识战略需求的指导下,组织依托自身的知识源和促进知识发酵的制度安排,充分使用视频会议、信息平台等工具和组织内外部环境与外部组织进行互动,对外部组织及关键人物的行为进行感知、比较、模仿等,形成思维碰撞或共鸣,激发新的直觉、意识,并植入行为,这种发酵是通过行为接触而引发的,为触发式发酵,最终形成新的组织隐性知识。

显性整合是对外显和内显知识的整合。显性知识是已经编码、易于沟通的知识,比如组织知识库及信息系统、标准操作流程和制度文档等。为解决新的问题,组织获取的显性知识与自身原有的显性知识在组织协调及激励制度的作用下,利用知识分类工具、专家系统和决策支持系统等,对知识进行融合、整理和分类,形成清晰的、系统化的组织显性知识体系,此时为组合型发酵。

显化整合是对外隐和内显知识的整合。组织产生了对外部隐性知识编码化的需求时,通过对话、隐喻、编码和知识挖掘等手段,利用内部知识和能力,使外部隐性知识形成规范化的显性知识,继而再发生显性整合,此时的发酵主要源于外部隐性知识的显化,为挖掘式发酵。

隐化整合是对外显和内隐知识的整合。组织需要更新知识,或者要产生新的知识应用,依赖内部知识及能力,通过知识地图、知识库等获得外部显性知识并进行消化、吸收、理解等,最后付诸企业行为,形成新的隐性知识,包括惯例、规则和心智模式等,促进了知识的演进与升级,继而实现了隐化整合,进入新的循环,此时的发酵为应用式发酵。

3. 知识应用

创新是要素的新组合、新应用。知识整合实现了知识的新组合,知识应用则是创新生成的另一个重要方面,知识及其应用的结果形成知识资本,知识资本是能够创造价值的有用知识,是知识与价值的契合点。一般认为知识资本包含人力资本、组织资本和关系资本三个要素,依附于个人的知识、经验技能等的知识为人力资本;蕴含在组织制度流程、文化、信息系统、知识产权中和产品中的知识为组织资本;蕴含在组织的内外关系网络中的知识为关系资本,包括与上下游企业、科研院所、中介机构的关系。

知识向知识资本的转化必须借助一定的载体。当组织知识存在于关键人物的头脑中,结合了由教育、培训等形成的原有知识,通过人的实践活动形成了构思、经验、技能和创新能力等,甚至形成显性的知识成果,比如论文、程序、书面报告等,即形成了人力资本;人力资本形成后,通过人的创造性活动再次产生新的知识、经验技能,使人力资本存量增加。人力资本具有人身依附性,随着人员的流动,人力资本存量发生变化。当个人知识被固化为组织的行为或制度时,人力资本实现了向组织资本的转化,人员的流动对组织知识存量不再产生影响。人力资本的显性知识成果可以形成企业的制度规章、企业文化、信息系统和流程,以此来规范企业组织的行为和提供技术支持;可以把知识用于生产,形成新产品、新技术、新工具等,使知识物化为可以创造价值的产出;也可以发表论文、建立商誉和注册商标,对成果申请法律保护,形成知识产权等,以保证知识在市场上的获益性。当组织知识嵌入社会关系时,组织获得了合作机会、竞争信息、新的知识流入、信任与支持、政策优惠和顾客忠诚等,由此节约交易成本,提高社会地位,创造经济和社会效益。

3.2.3 集群层知识资本存量形成

集群层知识资本的存量形成主要来自于集群层创新活动,而集群层创新又是成员层创新活动在虚拟空间进行集聚和非线性作用的结果,最终表现出一定的模式、结构和功能,而知识共享及知识成果转化制度又会促进集群层创新形成。

1. 集群层创新形成

多个成员主体的知识创新活动同步或交叉进行,不同主体围绕知识创新进行互动和合作,在宏观层面上表现出了集群整体的创新现象。CAS 的回声模型从宏观层次对系统进行描述,解释了主体如何相互作用而形成整体的问题,实现了从微观到宏观的过渡。添加了黏着标识的回声模型及匹配过程,如图 3-4 所示。

主体①和主体②为 HTVIC 成员,资源库为各自的知识存量,来自于成员在产业链中的位置及竞争合作关系,添加黏着标识的主体染色体包括进攻标识、防御标识、黏着标识、交换条件和变换条件,用染色体字符串来表示。进攻标识为主体获取知识的能力;防御标识为主体对其他主体的要求应答与否;黏着标识给出了聚集的条件;交换条件检查另一主

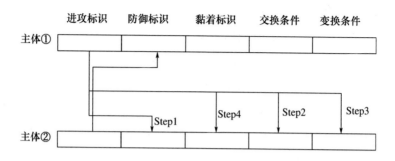

图 3-4 添加了黏着标识的回声模型及匹配过程

体的标识,以确定交互作用是否发生;变换条件给出了把富余知识变为所需知识的能力。

考虑基本模型,即主体①的进攻、防御标识分别与主体②的防御、进攻标识相匹配,通过字符串列表比较,计算匹配分数,高匹配分数导致防御方的知识资源转出,不匹配则只获得过剩资源或一无所获,从而确定主体①与主体②的相互作用方式。例如资源库由不同的知识类型组成,主体①的知识资源为 aabcad,进攻标识为 aab,防御标识为 cd,主体②的知识资源为 aabccde,进攻标识为 cde,防御标识为 aabc,规定匹配加 2 分,不匹配减 2 分,有空项减 1 分,则匹配分数分别为 5 分和 3 分,由此,主体②把大部分资源转给主体①,主体①把一部分过剩资源转给主体②。

考虑添加了交换、变换和黏着标识的回声模型,主体①的进攻标识首先与主体②的交换条件匹配,若满足则转入知识资源交换转移;在此基础上,主体①的进攻标识与主体②的黏着标识相匹配,过程类似于知识交换转移过程,若匹配分数不接近于 0,主体①和主体②发生黏着,形成聚集体,若每个主体得分均接近于 0,则不能形成黏着;之后,通过指定变换子片段,实现主体①的资源变换,形成新的资源形式和能力。同理,主体②和主体①也要进行上述匹配,从而实现两个主体的相互作用,进而形成 HTVIC 集群层创新。

2. 集群层创新涌现

集群层创新是一种创新涌现,涌现意味着在创新过程中形成了新的结构、模式和功能,表现为 HTVIC 的知识创新结构、创新模式及成员的协同知识创新效应。

(1) HTVIC 的知识创新结构。HTVIC 由多个成员组成,成员间通过信息及网络技术相互联结,在创新过程中相互作用形成一个网络,不同类型的成员在网络中的作用不同:高技术企业是最主要的创新需求者和创新活动的执行者,属于核心层;科研机构和院校为创新活动提供基础知识和人才,是中间层;中介机构和政府为创新提供各种服务支持和政策支持,包括金融服务、培训服务和地方政策等,是创新的外围层。

(2) HTVIC 的知识创新模式。从产业链的角度看,HTVIC 成员间存在横向关系和纵向关系两种。横向关系的成员处于产业链的同一环节,具有同质性,彼此间竞争激烈,少数成员可以形成联盟,共同制定标准、垄断市场,但总体上处于竞争多于合作的状态,成员通过彼此的模仿形成创新,属于竞争型创新模式,而竞争是创新产生的动力,刺激了知识创新的纵深发展。纵向关系的成员处于产业链的不同环节,异质性使得上下游企业形成稳固的合作关系,共同追求产业价值的实现,易于实现联合的知识创新,属于合作型创新模式,推动了知识创新的横向扩展。

(3) 成员的协同知识创新效应。HTVIC 的创新是成员间的协同创新,协同产生了更多的知识需求,刺激了多种类型的知识产生。从知识的归属来看,有成员个体知识和组织层面知识。协同创新不仅形成了个体知识存量,而且形成了独特的组织层面的知识,比如 HTVIC 的组织制度、特有的文化及协调知识、产业及企业间的关联知识等,即形成了 HTVIC 集群层面的知识资本,这是单个企业创新过程中所没有的。同时,协同创新提升了成员及整体的创新能力和竞争力,创造出更多的价值,形成创新氛围,刺激更多创新生成,产生了大于成员和的功效。

3. 集群层创新促进

HTVIC 集群层创新是成员层创新的协同结果,要促进集群层创新的产生,就要加强成员层的创新协同,从知识角度而言,就是要推进以下制度的执行。

(1)知识共享制度。知识共享体现了在HTVIC知识创新中不同成员在知识领域的相互作用。为增强这种作用,HTVIC应规定任何进入的成员都具有知识共享的权利和义务,对于知识的重要贡献者给予物质或精神奖励,对于知识的需求方设定权限,体现知识的价值性并促进知识的流动;利用知识数据库、知识地图等现代信息技术进行知识积累;鼓励人才流动和互动,促进隐性知识的传播;定期进行专题培训、讨论等,促进成员间多种形式的知识交流与合作,对共性问题提出解决方案,从而促进集群层创新生成。

(2)知识成果转化制度。成果转化是推进产业化升级的重要方式,有利于实现HTVIC成员的相互关联,并在此基础上产生新的产业领域,推进产业链的纵深发展,最终形成集群层知识创新。为推进HTVIC知识成果转化,HTVIC应积极促成大学、科研机构和企业进行对接,使理论知识创新和企业实际需求相结合,并对能够有效转化的科研成果进行奖励;发挥政府和中介机构的作用,提供有利于成果转化的政策、资金和渠道等公共服务;积极进行产业发展调研,规划、扶持重点产业发展方向的成果产业化应用项目;设立专门机构,及时有效地解决知识成果转化过程中的实际问题。

3.3 HTVIC知识资本存量增加机制

3.3.1 HTVIC知识资本存量的适应度景观

适应度景观是Wright在1932年提出的,用以描述生物有机体的进化,其中适应度表明了个体的优劣程度,适应度景观就是由不同个体的适应度值在空间中分布形成的类似于山峰状的崎岖景观,适应度值高的形成峰,适应度低的形成谷,生物的进化就表现为个体在适应度景观上的游走及爬坡,最终达到最优状态。适应度景观是对适应性的描述,适应性是 CAS 理论的核心概念,霍兰将主体在与环境的相互作用过程中,主动调节自身的行为,与环境和其他主体相协调,从而获得生存和发展,并促进宏观系统的演化和进化的特性称为适应性。

HTVIC 知识资本存量的适应度景观,可以看成是不同的成员为提高自身适应性而互动形成的峰和谷,不同个体的寻优过程形成了整体的景观分布,如图 3-5 所示,整体的适应性就表现为 HTVIC 知识资本存量的增加。

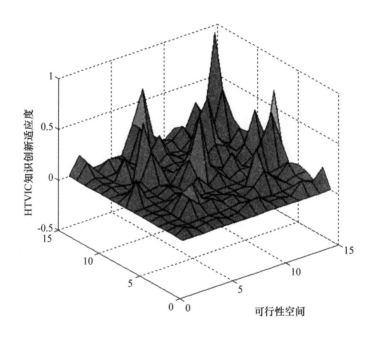

图 3-5　HTVIC 知识创新适应度景观

HTVIC 知识资本存量主要来自于知识创新,因此,HTVIC 知识资本存量的适应性就是 HTVIC 知识创新的适应性。HTVIC 的成员包括高技术企业、科研院所、中介机构和政府,进行以知识创新为主的互动,产业上的竞争合作关系使成员在知识创新中既可以强强联合,又可以优势互补,成员之间的知识创新协同,不仅会形成个体层面的知识资本,还会产生集群层面的知识资本。不断的协同可以增加 HTVIC 知识资本的存量,提高价值创造潜力。

3.3.2　HTVIC 知识资本存量的 NK 模型及仿真

1. 基本 NK 模型

为生成适应度景观,Kauffman 在研究生物有机体的演化时提出了 NK 模型,N 表示物种所包含的基因 i 的个数,K 表示影响基因 i 的上位关系数量,表明基因之间的互动程度,基因 i 所拥有的状态为等位基因,基因的适应度景观就是不同的可能状态组合形成基因型态空间。随后,NK 模型被广泛应用,其中最为著名的是 Gavetti、Levintheal 等人将 NK 模型引入组织管理领域,研究了组织决策和组织绩效的关系,表明了 NK 模型在管理方面的适用性。

在描述 HTVIC 知识资本存量的 NK 模型中,N 表示成员数量,K 表示成员 i 与其他成员相互联系的个数。当 $K=0$ 时,说明成员相互独立,而当 K 的取值范围为 0 到 $N-1$ 时,表明成员 i 与其他 K 个成员相互联系,随着 K 值增大,系统的复杂程度增加。成员 i 的等位基因表示为 0 和 1,当成员 i 的适应度低于成员适应度平均值时,定义为 0 状态;当成员 i 的适应度高于平均值时,定义为 1 状态,可能性空间为 2^N,由二进制状态字符串表示。适应度 f_i 表明成员 i 对系统适应度景观的贡献值,与 i 自身的适应度 x_i 和其他 K 个成员的适应度 x_j 有关,即

$$f_i = f_i(x_i, x_j)(j = 1, 2, \cdots, N; 且 j \neq i) \quad (3-1)$$

HTVIC 知识创新系统的适应度 F 为成员适应度和的平均,即

$$F = \frac{1}{N}\sum_{i=1}^{N} f_i \quad (3-2)$$

系统的状态字符串发生变异时,F 处于可行性空间上的寻优过程,当新值 $\hat{F}$ 大于 F,则替换;当小于 F 时,则保留原值,由此实现适应度景观的局部最优向全局最优的演变,实现了在适应度景观上的攀爬过程。

2. 考虑关系强度的 NK 模型

关系强度反映成员间联系的紧密程度,是动态变化的,而在 Kauffman 的 NK 模型中,基因之间的关系强度是等同的,仅用 K 值表达基因相互联系个数,从而描述了系统的复杂程度。但基于社会网络的分析认为,网络成员间的关系强度有强弱之分,强联系是指成员间存在密切联系;弱联系是指成员间存在联系但不密切。强联系与弱联系对网络的作用不同:强联系获取的多是重复和相似的信息,而弱联系能提供新颖及时的信息;强联系有利于复杂知识特别是隐性知识的传递与共享,而弱联系有助于网络上简单知识的传递共享,因此,强联系和弱联系是影响知识创新的重要因素。潘松挺、郑亚莉的实证研究也表明,关系强度对创新绩效存在影响。因此,本书引入关系强度系数 λ 对 K 进行具体的描述和刻画。

基于知识创新的 HTVIC 知识资本存量的增加是不受地域限制的成员相互协同而形成的,虚拟性表现在组织接近和对平台的高度依赖,组织接近意味着成员的互动频繁,平台则成为直接联系或间接联系的"枢纽"。通过平台而形成的组织接近程度即为关系强度,用 λ_{ij} 表示成员 i 与成员 j 的关系强度,借鉴 Blumsten 的研究,本书用接触频率对其进行衡量,取值范围为 0 到 1,λ_i 为成员 i 的总关系强度,其值为 i 与其他所有成员的关系强度的均值,而 i 与自身的关系强度没有管理意义,暂不考虑,则有

$$\lambda_i = \frac{1}{N-1} \sum_{j \neq i} \lambda_{ij} \qquad (3-3)$$

关系强度与适应度的关系有两种观点,Katja、Inkpen、谢洪明和王文平等学者认为关系强度与创新存在直接的正向影响;而金占明和蔡宁等的研究表明:关系强度并不是越大越好,当超过一定限值时,关系增强所带来的创新数量增加会受到高成本的约束,从而增势放缓。据此,当考虑关系强度时,成员 i 的适应度为

$$f'_i = \begin{cases} (1+\lambda_i)f_i, 0 < \lambda_i < a \\ \left(1+\lambda_i - \dfrac{3}{4}\lambda_i^2\right)f_i, a \leqslant \lambda_i < 1 \end{cases} \quad (3-4)$$

其中,a 为成员 i 的适应度随强度增加而减少的分界点,此时 HTVIC 知识创新系统关系强度 λ 和适应度 F' 均为成员的均值,即

$$\lambda = \frac{1}{N}\sum_{i=1}^{N}\lambda_i \quad (3-5)$$

$$F' = \frac{1}{N}\sum_{i=1}^{N}f'_i \quad (3-6)$$

关系强度的取值对系统的适应度产生影响,不同的关系强度将形成不同的适应度景观。当关系强度在区间(0,1/3)时,定义为弱联系;当关系强度在区间(1/3,2/3)时,定义为强联系;当关系强度在区间(2/3,1)时,定义为过强联系。

3. 考虑创新方式的 NK 模型

HTVIC 主要由高技术企业和相关机构组成,创新是 HTVIC 知识资本存量增加的一种主体适应性行为。从理论上讲,基础知识创新和技术知识创新都将形成知识和知识资本存量,从而提高对环境的适应能力,然而,创新失败的主要原因之一是没有选择合适的创新方式。不同创新方式对创新绩效的作用机理不同,合适的创新方式将促进绩效的提升,因此,由知识创新引起的存量的适应性研究需要考虑创新方式的类型。

根据创新的幅度,Ettlie 将创新分为渐进创新和突变创新两种。渐进创新是对原有知识的微小改进,是一种低层次的创新;突变创新是对原有知识较大的改变,相对于原有主体而言,容易产生较多的新知识,是一种高层次的创新。由于突变创新往往是从根本上的变革,因而比渐进创新难度更大,虽较容易形成更多的创新知识,但也较容易破坏原主体的稳定。

为研究创新方式对适应度的影响,本书借鉴学者张华、席酉民的思想,采用海明距离来区分不同的创新方式,并且在此基础上,考虑到海明

距离和适应度的关系,引入 Goldberg 和 Richardson 提出的共享函数对个体适应度进行调整,以表明不同创新方式对适应度的影响。

共享函数反映了构成部分的相似程度,假设 HTVIC 的个体 i 的知识创新由 L 位序列的码字表示,原有知识 $x_i = (x_{i1}, x_{i2}, \cdots, x_{iL})$,渐进创新知识 $y_i = (y_{i1}, y_{i2}, \cdots, y_{iL})$,突变创新知识 $z_i = (z_{i1}, z_{i2}, \cdots, z_{iL})$,调整后的个体适应度 f_i^* 为

$$f_i^* = \frac{f_i}{sh(d(x_i, y_i)) + sh(d(x_i, z_i))} \quad (3-7)$$

其中 f_i 为原适应度值,$sh(d)$ 表示序列 x_i 与其他序列的共享函数。

$$sh(d) = \begin{cases} 1 - \left(\frac{d}{\sigma}\right)^\gamma, & d < \sigma \\ 0, & d \geq \sigma \end{cases} \quad (3-8)$$

一般 $\gamma = 1$,表示线性共享,d 为海明距离,测量了不同知识序列的不同字符的个数,当 $0 < d < \frac{1}{2}$ 时,定义为渐进创新 d_{xy};当 $\frac{1}{2} \leq d < 1$ 时,定义为突变创新 d_{xz}。σ 为小生境半径,本书假设为 1。

引入创新方式后,HTVIC 知识创新系统适应度为 F^*,

$$F^* = \frac{1}{N} \sum_{i=1}^{N} f_i^* \quad (3-9)$$

将创新方式嵌入到关系网络中,由于过强关系具有适应度抵减作用,对于提升适应性无益,故暂不考虑过强关系与创新方式的组合。本书仅从强弱两个角度和两种创新方式出发,形成四种组合模式:强关系与渐进创新(强—渐);强关系与突变创新(强—突);弱关系与渐进创新(弱—渐);弱关系与突变创新(弱—突)。

蔡宁、潘松挺的研究认为,关系强度与创新方式具有一定的耦合作用,因此这四种模式在实际中并不是等概率出现的。多数学者的研究也表明,强关系益于渐进性创新,也就是强关系环境下,由于成员频繁地沟通交流,创新是一点点生成的,而且以原有的知识为基础,此时突变创新较难以形成。突变创新在一定程度上是对原有稳态的破坏,各种干扰力

量将阻止其出现,也就是说,强关系下渐进创新的出现概率较大。本书引入概率 P 反映不同强度下某种创新方式出现的可能性:假设强关系下渐进创新的出现概率为 P_1,则强关系下突变创新的概率为 $1-P_1$,则有

$$P_1 > \frac{1-d_{xy}}{(1-d_{xz})+(1-d_{xy})} \quad (3-10)$$

对上式右侧取值进行估计,可给出强关系下渐进创新的出现概率,以出现概率对创新方式的适应度进行二次调整,将更加符合创新过程的实际情况。

4. 考虑关系强度和创新方式的 NK 模型仿真

本书的目的在于考察关系强度、创新方式及其组合对 HTVIC 知识资本存量的适应性的影响,采用 MATLAB 对仿真实验进行如下设计。

(1) HTVIC 成员众多,本书仅以成员类型代替成员个数,同时考虑企业在产业链中所处的位置,以企业、竞争企业、合作企业、中介机构、科研院所和政府为 NK 模型的成员,即固定 N 值为 6,用二进制表示成员的不同状态组合,则系统适应度的可行性空间为 $2^6=64$。

(2) 假设成员间存在变动的相互作用,即 K 值的范围为 0 到 5,而且与个体适应度之间具有正向关系,这充分体现了组织接近而形成虚拟集群的复杂性和必要性。

(3) 对初始适应度采用随机赋值和编码公式求解赋值相结合的方式,遗传算法的解码公式为

$$X = U_1 + \left(\sum_{n=1}^{N} b_n \cdot 2^{N-1}\right)\frac{U_2-U_1}{2^N-1} \quad (3-11)$$

其中 X 为十进制值,U_1、U_2 为初值和终值,b_n 为二进制值。令任一主体的全 0 和全 1 状态分别为 U_1 和 U_2,依照 Kaufuman 思想,在 $(0,1)$ 之间随机赋值,而中间状态则依据编码公式求解给出。上述处理的原因在于:解码公式较好地揭示了不同状态之间的进化关系,比起全部随机赋值,更能体现成员根据环境的变化进行主动寻优的过程,并很好地表现出系统的演进趋势;如果进行实际应用,U_1 和 U_2 可以根据实际需要

给出,使不同状态的适应度值更贴近实际。

(4)引入关系强度和创新方式后,假设成员有不同的关系强度和相同的创新方式,定义不同状态的系统适应度的局部最优的均值为综合适应度 F_z,形成不同参数环境下 HTVIC 知识创新的适应度景观。

(5)在仿真实验中,每种参数配置下的实验进行 500 次,以消除随机性的影响,各种参数的取值见表 3-2。

表 3-2 HTVIC 知识资本存量的 NK 仿真参数取值

参数	参数含义	仿真中参数取值
N	成员数量	$N=6$
K	上位关系数	0,2,5
λ	关系强度	0.2,0.6,0.9
d	海明距离	0.2,0.6
P	出现概率	$P_1=0.75$
T	实验次数	500

3.3.3 基于关系强度和创新方式的存量增加

HTVIC 知识资本存量的适应性是通过 HTVIC 知识创新所形成的 HTVIC 知识资本存量增加,因此,本书从 HTVIC 知识创新入手,并考虑 NK 模型中的关系强度和创新方式,对 HTVIC 知识资本存量增加进行研究。

从基本 NK 模型来看,如图 3-6,当 $K=0$ 时,个体独立创新,系统综合适应度最低;随着 K 的增加,成员相互竞争合作产生协同创新效应,系统综合适应度随 K 值的增加而增大,说明由六类成员组成的 HTVIC 知识创新系统中,每类成员都参与创新,才能最大限度地促进整体知识创新的生成。这是因为创新的产生需要一定的环境,成员间的竞争促进了创新需求的产生,激发创新生成,而合作为创新提供支持条件,科研院所提供人才或待产业化的创新成果,政府为促进创新制定优惠政策,在核心企业的带动下形成浓厚的创新氛围,从而形成整体的知识创新涌现,这也充分体现了集群的优势。

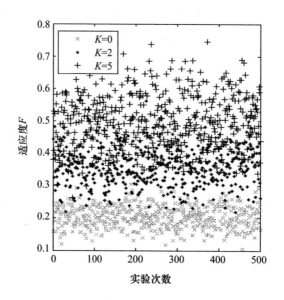

图3-6 K对HTVIC知识资本存量的影响

仅考虑关系强度时,如图3-7,当相互作用关系个数K固定为2或5时,随着成员间关系强度的增加,HTVIC知识创新的整体适应性增强,当关系强度超过一定限值时,即$\lambda=0.9$时,F'不升反降,这说明适度关系强度才会促进整体适应性增强。原因在于:关系强度增强,即组织接触频繁,成员间相互了解,容易发现创新的契机,或结合各方的优势形成创新;而当过于接近时,不同的利益目标和组织行为积累的矛盾增加,协调和约束创新的力量制约了创新的投入和积极性,由此造成创新增速变缓,系统综合适应度降低。关系强度描述了组织接近程度,体现虚拟的优势,也是对K的进一步解释,表明虽然HTVIC知识创新需要多方协同,但相互作用的数量受到联系频度的限制,在六类成员的相互作用下,不同成员个体的适度关联才能使整体具有更好的适应性。

第3章 HTVIC知识资本价值创造机制

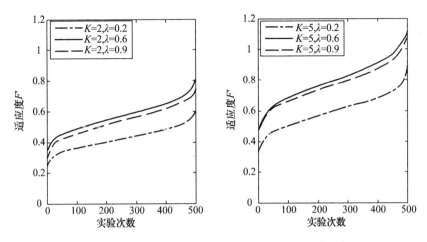

图3-7 关系强度(λ)对HTVIC知识资本存量的影响

仅考虑创新方式时,如图3-8所示,不论K值如何,渐进性创新的适应度总是明显小于突变型创新,说明根据不同创新方式调整后的适应度模型符合先前学者对这两种创新方式的分析,而且不受K值的影响。当HTVIC的多个成员相互作用时,如果突变创新总是能出现,那么突变创新比渐进创新更容易促进系统适应性提升。

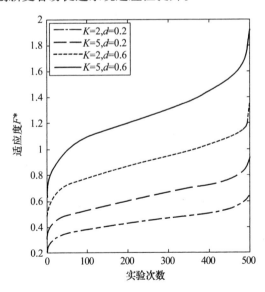

图3-8 创新方式(d)对HTVIC知识资本存量的影响

将创新方式融入关系强度,形成四种模式,如图3-9。其中图3-9(a)反映了弱关系下的四种模式,图3-9(b)反映了强关系下的四种模式。可以看出"弱—突"和"强—突"模式优于"弱—渐"和"强—渐"模式,这是因为突变创新的适应度远大于渐进创新,关系强度的变化对适应度的影响相对于创新模式而言就显得微弱。也就是说,在弱关系条件下,"弱—突"模式有更强的适应度,这与前人的研究结论具有一致性,即弱关系促进了突变创新的实现。而在强关系条件下,图3-9(b)中反映出"强—突"更具适应性,这与前人实证研究的结论相背离。考虑强关系下渐进创新的出现概率时,上图修正为图3-9(c),即在出现概率$P_1 = 0.75$时,"强—渐"模式的适应度大于"强—突"的适应度。因此,创新方式与关系强度的组合给出了由关系强度所代表的虚拟环境下,HTVIC成员进行知识创新的最佳自适应主体行为模式,即"强—渐"模式和"弱—突"模式。成员在进行创新活动中,应根据自身的关系强度选择创新方式,但从集群整体角度而言,集群应进行制度安排以促进系统关系强度的演变,比如构建虚拟企业,这也正实现了虚拟产业集群的"虚拟成员池"功能,从而更多地促进渐进性创新的产生以保持HTVIC的持续和稳定发展。在集群衰退或者发展停滞阶段,应主动降低关系强度,引入外部力量,以突变创新推动集群进化。

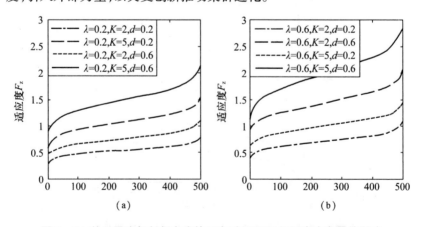

图3-9 关系强度与创新方式的组合对HTVIC知识资本存量的影响

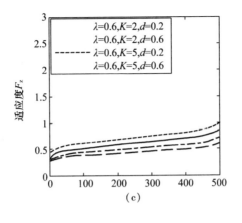

(c)

续图 3-9

3.3.4 基于组织学习的存量增加

要增加 HTVIC 知识资本的存量,就要促进 HTVIC 知识创新中"强—渐"和"弱—突"两种模式的产生。关系强度是创新方式产生的背景和条件,魏江认为,就渐进性创新而言,组织学习在强关系下扮演中介作用,而对于突破创新,组织学习则在弱关系下扮演中介作用。潘松挺的实证研究表明关系强度通过学习类型对创新方式产生影响。Mckee 也指出不同的组织学习类型会导致不同的创新方式。March 从组织学习的特征出发,认为组织学习存在两种类型:利用式学习和探索式学习。可见,组织学习在创新模式的形成中起到桥梁作用,利用式学习促进了"强—渐"模式的形成,探索式学习促进了"弱—突"模式的形成。因此,从组织学习角度,可以在两个方面进行 HTVIC 知识资本存量的增加。

1. 强关系下利用式学习

强关系意味着不受地域限制的 HTVIC 成员可以通过集群网络平台频繁接触,从而实现组织接近。平台不仅是信息交流中心、成员沟通的渠道,而且是组织和协调中心。成员应主动参与平台建设,提供授权方式,与其他成员共享显性专业知识,并通过沟通取得隐性知识,增强对知识的理解和应用能力。集群管理机构应制定具体管理办法,鼓励成员的知识共享与传递,并保护核心知识,惩治不正当手段,维护公平。同时,在相互接触过程中,成员应努力获取他人的信任,并进行广泛而深入的交流,从而以最少成本、最快时间获得最有利于自身发展的、与自身相关性最高的知识,对其进行应用,并在一定程度上进行拓宽或加深,形成成员层的新知识并遵循原有轨迹;当成员的知识需求得到满足时,自组织协同作用使集群进入稳定状态,集群管理机构应对集群层知识进行微调以维系稳定,最终实现集群整体的渐进性创新。

2. 弱关系下探索式学习

弱关系意味着 HTVIC 成员既不是缺乏联系的各自独立状态,也不是相互联系和相互作用的相关状态,成员偶有联系,但程度较浅。成员在遇到环境变化时,难以直接从关系网络中获得所需知识,也没有可模仿的榜样,而自身知识又无法使其走出困境,因此需要打破惯性思维,寻找异质性知识,从而对自身技术及管理方面进行改革。此时需要成员管理层的胆识与魄力,一旦选择改革,必然面对众多问题,包括组织机构的动荡、知识创新失败的风险等。通过探索式学习取得的新知识,与原有知识相比必然差别较大。集群整体处于突破创新状态,意味着集群从一种稳定状态正向另一种稳定状态发展,促成集群的升级和适应性提升。从长远发展来看,集群升级将有利于社会进步,集群探索式学习所形成的突破创新又反哺集群成员,促进集群成员的适应性提升。

以上给出的是一定关系强度下的最佳学习方式匹配,成员或集群也可以主动对关系强度进行调节,从而获得由创新所带来的知识资本存量的增加。在强关系下,成员若想获得突破创新收益,可以降低与其他成员的联系频度,进行探索式学习;同样,在弱关系下,成员可以通过正式或非正式渠道,增强和其他成员的联系,从而提高关系强度,以进行利用式学习,取得渐进创新收益。虽然弱关系下的突破创新收益远大于强关系下的渐进创新收益,有利于推动集群升级,但同时也面临巨大组织变革风险,所以从成员自身和集群整体角度的长期稳定发展来看,强关系渐进创新模式更好,成员和集群应主动增强关系强度,以进行利用式学习,但应注意过强关系的递减作用,强度需要增加但也需要适度,不同集群类型、不同集群发展阶段应努力寻求最佳关系强度。

3.4 本章小结

本章从 HTVIC 知识资本的知识特性出发,研究知识到知识资本的转化从而形成价值创造潜力的问题,构建 HTVIC 知识资本价值创造机制,包括 HTVIC 知识资本存量形成机制和 HTVIC 知识资本存量增加机制,为下文 HTVIC 知识资本运用从而实现价值奠定基础。

关于 HTVIC 知识资本存量形成机制,本章以 CAS 理论为基础,研究了成员层知识资本的存量形成和集群层知识资本的存量形成。成员层知识资本的存量来自于成员层创新,是单个成员主体为适应环境和其他主体而进行的刺激反应活动,包括知识获取、整合和应用三个顺序过程;集群层知识资本的存量来自于成员层创新活动在虚拟空间的聚集和非线性作用,为促进集群层知识资本的存量形成,需建立知识共享制度和知识成果转化制度。

HTVIC 知识资本存量增加机制的构建解决了如何利用 HTVIC 知识创新来增加 HTVIC 知识资本存量的问题。通过对 NK 模型进行改进并仿真,从两个方面建立 HTVIC 知识资本存量增加机制:基于关系强度和创新方式的存量增加及基于组织学习的存量增加。结论表明:①不同类型的 HTVIC 成员需要相互联系并建立适度关系强度。②HTVIC 关系强度与创新方式存在最优匹配,强关系下渐进性创新适应度高;弱关系下突变性创新适应度高。③HTVIC 处于稳定发展阶段时,建议采用利用式学习以促进"强—渐"模式;而处于升级发展阶段时,建议采用探索式学习以促进"弱—突"模式。

第4章 HTVIC 知识资本价值提取机制

知识资本具有资本性特征,强调知识资本能够像财务资本一样通过运用而实现价值。本章建立 HTVIC 知识资本价值提取机制,通过对 HTVIC 知识资本要素的投资、运营、整合和优化等,形成 HTVIC 知识资本价值提取能力,最终实现 HTVIC 知识资本的价值。

4.1 HTVIC 知识资本价值提取能力分析

沙利文认为,知识资本通过对知识资本项目的价值提取实现其价值。价值提取能力表明了在同样的知识资本存量下,由于对知识资本的不同运用而形成了不同的价值增值,价值提取处于增值的第二阶段。

HTVIC 知识资本的价值提取能力主要来源于对 HTVIC 知识资本的运用,知识资本的运用方式不同于物质资本,除了投资和运营外,还表现为其构成要素的完善与优化,从而实现其价值增值作用。按照构成要素来看,HTVIC 知识资本由 HTVIC 人力资本、组织资本和关系资本构成。这三个构成要素对增值的贡献方式是不同的,人力资本是最具能动性的要素,主要通过知识、经验和技能等带来直接价值或间接价值;而组织资本和关系资本则主要通过作用于人力资本而发挥其增值作用。这三个要素在增值过程中是相互协同作用的,同时,HTVIC 知识资本又通过对 HTVIC 物质资本发挥撬动作用,从而促进 HTVIC 的价值实现。

为促进 HTVIC 人力资本主动作用的发挥,以及促进 HTVIC 组织资本和关系资本对人力资本的支撑作用,本书从三个构成要素角度构建 HTVIC 知识资本价值提取机制,以形成 HTVIC 知识资本的价值提取能力,促进 HTVIC 知识资本增值的实现。

4.2 HTVIC人力资本价值提取机制

4.2.1 HTVIC人力资本投资优化

1. HTVIC人力资本的特征及类型

HTVIC人力资本具有如下特征和类型。

(1)特征。人力资本的概念最初由美国经济学家舒尔茨于1960年提出,他认为人力资本是蕴含在人体内的知识、经验和技能等,能够创造价值和带来未来收益,并且通过投资而获得。人力资本与劳动力和人力资源相区别,人力资本强调的是价值性,而劳动力是数量概念,劳动力虽作为生产要素可以形成价值产出,但不一定对经济具有加速作用。人力资源是一种总量概念,一般用来对国家或区域的劳动力总量进行衡量,劳动力和人力资源的一部分是人力资本。

HTVIC人力资本是所有HTVIC成员所具有的知识、经验和技能等的总称,依附于劳动力个体,不同个体的人力资本在确定组织范围内集聚形成企业或机构人力资本,在不受地域限制的范围内再次集聚形成HTVIC人力资本,这其中存在自组织涌现原理,因而HTVIC人力资本从理论上讲大于劳动力个体人力资本之和,主要表现为集群的知识存量和能力等。

HTVIC人力资本具有增值性、多样性和能动性的特征。首先,作为资本,人力资本投入后可以带来现在和未来的收益增加、成本支出减少、价值创造的效率提高,体现出资本自身的价值功能;而且,HTVIC的人力资本是围绕高技术产业而积累形成的,是创新活动实施的微观主体,创新又是高技术企业生存的动力和根源,即人力资本的创新能力带来了高技术产业的高收益,体现其增值功能。其次,HTVIC是由企业和相关机构通过平台进行的组织接近形成的,成员具有多样性特征,成员的微观组成也表现出多样性特征。不同类型的人力资本交互和集聚,实现了产业范围内的分工与协作，表现出了集群的规模优势和整体效应。最后，人力资本不同于物质资本，是具有主动意识的能动性资本，当个人具有最大限度发挥人力资本作用的意愿时，人力资本的增值功能才可以实现。

（2）类型。HTVIC人力资本具有多样性，为区分不同的人力资本的增值作用，需要对人力资本进行分类。根据边际报酬的形态，丁栋虹将人力资本划分为同质性人力资本和异质性人力资本，前者和物质资本要素一样具有边际报酬递减特性，而后者则具有边际报酬递增能力。随后的一些学者也认为，异质性人力资本构成企业竞争优势的核心，能很好地解释不同企业价值实现能力的差别，形成社会经济增长的加速趋势。

对于HTVIC而言，高技术企业强调创新性和对知识的利用，其高技术性、高产出性主要来自于异质性人力资本。根据边际报酬递增途径的不同，异质性人力资本可以分为五类：技能型人力资本强调在经验中形成创新产出能力，研发型人力资本注重的是研发能力，企业家型人力资本强调敏锐性及决断性，管理型人力资本强调协调能力和引导能力，服务型人力资本强调辅助性和服务性。这五种类型的人力资本存在于HTVIC的任意成员中，但分布密度不同，高技术企业更多的是技能型、企业家型和研发型人力资本，学校和科研机构更多的是研发型人力资本，政府多是管理型人力资本，而中介多是服务型人力资本。HTVIC不同成员在虚拟空间的集聚，从价值实现角度而言，就是不同类型的异质性人力资本在虚拟空间的集聚，产生集聚的自组织涌现的整体效应。

2. HTVIC人力资本投资的关键问题分析

人力资本是通过投资而获得的，各种能引起人力资本增加的活动都被认为是人力资本投资，涉及投资主体、投资客体、投资方式和数量等问题。

从投资主体来看，HTVIC是松散组织，成员各自独立又相互联系，成员个体（劳动者）或成员自身可以对异质性人力资本进行独自投资，也可以与其他个体或成员联合投资或者以集群的名义进行集体投资，投资受益者为投资者自身或其他群内成员,原因在于集群内成员之间存在分工协作和高度相关性,人力资本可以在集群范围内低成本地频繁流动和交流互动,产生人力资本投资的溢出效应。

从投资客体来看,人力资本投资包括四个方面的内容:教育投资,包括正式和非正式教育(继续教育和培训等),甚至"干中学"等过程;健康投资,目的在于提高生产率和延长劳动时间;流动投资和移民投资。HTVIC 的成员招聘的员工大都受过高等教育,所以正规学校教育不在 HTVIC 人力资本投资的考虑范围之内,而健康投资一般已经包含在员工的工资待遇中,流动投资和移民投资虽说也较多发生,但所占份额较小。HTVIC 的人力资本投资主要是针对异质性人力资本进行的再培训的投资,目的在于提高其相应能力,最大限度地实现人力资本的潜在价值。

从投资方式上看,投资主体可以选择多种投资方式。按是否在职来看,有在职培训和脱岗培训。在职培训可以直接提高 HTVIC 人力资本的专业化技能,并结合"干中学"产生新的知识和技能,有益于所在企业和机构实现人力资本价值;脱岗培训可以增加人力资本存量,促进不同岗位的轮换和人才的流动,容易产生交叉性知识和能力,形成应用性创新,对于 HTVIC 整体发展有利。按培训内容的泛化程度,有专业性培训和通用性培训。专业化培训能够直接有效地提升相关的人力资本存量,纵向推进人力资本价值的提升,但局限于专业发挥作用的软硬件环境;通用性培训容易产生人力资本溢出,投资者缺乏动力,培训的内容偏重行业或产业基础性知识,人力资本创新收益不明显,但能够有效促成 HTVIC 人力资本的横向积累。按时间长短来看,有短期培训和长期培训。短期培训着重解决当前 HTVIC 所面临的问题,通过培训有效提高劳动生产率和新知识、新产品、新工艺的应用水平,投入成本较少但获益明显;长期培训注重 HTVIC 的长期可持续发展,是个系统工程,需要和企业或集群的战略目标相匹配,进行有效的系统培训设计和个人职业生涯设计,促进知识和能力的系统化,提高人力资本水平。

从投资数量上看,人力资本投资活动通常以物质资本或货币资本来衡量,在有限的投资总量范围内,适当确定人力资本投资量,与物质资本相配比,并区分不同类型人力资本的最佳投资量,将有效指导 HTVIC 进行科学合理的投资,进而取得最佳投资收益。因此,本书重点从 HTVIC 异质性人力资本再培训的投资量确定的角度研究 HTVIC 人力资本的投资决策。

3. HTVIC 人力资本投资决策模型

HTVIC 人力资本投资优化的重要问题,就是确定不同类型的 HTVIC 人力资本的最佳投资量,本书假设主体的投资全部转化为知识存量,也就是说,所确定的最佳存量即为最佳投资量。

(1) 卢卡斯模型。卢卡斯将人力资本作为一个独立要素引入经济增长模型,在 C-D 生产函数的基础上,结合索洛的技术进步理论和罗默的知识积累理论,建立了人力资本外部性的内生生产函数模型为

$$Y_t = A_t K_t^\beta H_t^{1-\beta} h_a^\gamma \quad (4-1)$$

其中 Y_t 为 t 时的产出量,A_t 表示技术进步,K 为物质资本存量,H_t 为人力资本存量,h_a 为平均人力资本水平,β 和 $1-\beta$ 为物质资本和人力资本存量对产出的弹性系数,γ 表示外部效应系数且 $\gamma > 1$,外部效应指的是平均人力资本水平对其他生产要素生产率的影响,h_a^γ 表示人力资本的外部效应递增。

假设具有人力资本 h_t 的劳动力数量为 N_t,每个劳动力的人力资本水平相同,即 $h_t = h_a$,每个劳动力用于生产的时间为 $\mu_t (0 < \mu_t < 1)$,则投入的人力资本 $H_t = \mu_t N_t h_t$。

上述函数表明了人力资本对产出的影响,在此基础上,卢卡斯模型还包括人力资本增长模型和消费者效用最大化的目标函数,三者共同体现了人力资本积累是经济增长的基础这一思想,但本书暂不考虑人力资本积累和消费者效用问题。

(2) HTVIC 人力资本投资决策模型构建。卢卡斯的生产函数模型较好地揭示了人力资本对于经济增长的作用,但其假定所有成员具有相

同的人力资本水平,这与 HTVIC 的情况不符。HTVIC 的显著特征是分工合作,人力资本必然存在多种类型,且具有不同的水平。为反映人力资本的多样性和不同类型,人力资本相互作用从而形成价值的非线性,本书尝试对卢卡斯的人力资本模型进行改进。为简便起见,对异质性 HTVIC 人力资本类型再进行归类,一种是待研究的人力资本存量 H_i,i 的取值范围为 $i=1,2,3,4,5$,分别对应技能型、研发型、企业家型、管理型和服务型人力资本,一种是除类型 i 以外的其他类型的存量 H_j,且 $j=a,b,c,d,e$,并且与 i 值一一对应,此时的人力资本水平分别为 h_i 和 h_j,且平均人力资本水平为 h_g。假设 HTVIC 的五种类型的人力资本创造的总价值产出量为 Y_H,其中的物质资本是辅助人力资本发挥作用的必要投入,物质资本、不同类型的人力资本之间存在非线性相互作用,且具有不同的产出弹性和人力资本水平,根据卢卡斯生产函数可以给出 Y_H,即

$$Y_H = A_t K^\delta H_i^\beta H_j^\eta h_g^\gamma \qquad (4-2)$$

式(4-2)中 $\delta+\beta+\eta=1$,$\gamma>1$,表明不同类型的人力资本和物质资本共同创造价值产出,而且不同类型的人力资本水平具有外部效应递增特性。假设所有人力资本的所有时间全都用来进行价值生产,即卢卡斯模型中的 $\mu_t=1$,则有 $H_i=N_i h_i$,$H_j=N_j h_j$,$h_g=\dfrac{(h_i+h_j)}{2}$。

为实现 Y_H 的最优,把 K,H_i,H_j 看作投入要素组合,假设存量即为投入量,采用利润最大化模型给出目标函数 π,由此,HTVIC 人力资本投资决策模型为

$$\max \pi = Y_H P_H - K_t P_t - H_i P_i - H_j P_j \qquad (4-3)$$

其中,目标函数 π 表示人力资本价值产出与各种资本投入的差额,P 代表价格。把式(4-2)代入式(4-3),并且用人力资本水平 h_i 和 h_j 表示 H_i 和 H_j,即

$$\max \pi = A_t K^\delta (N_i h_i)^\beta (N_j h_j)^\eta h_g^\gamma P_H - K_t P_t - N_i h_i P_i - N_j h_j P_j$$

$$(4-4)$$

上述模型的 1 阶必要条件为

$$\frac{\partial \pi}{\partial K} = \delta A_t K^{\delta-1} N_i^\beta h_i^\beta N_j^\eta h_j^\eta \left(\frac{h_i + h_j}{2}\right)^\gamma P_H - P_t = 0 \quad (4-5)$$

$$\frac{\partial \pi}{\partial h_i} = \frac{1}{2^\gamma}\beta A_t K^\delta N_i^\beta h_i^{\beta-1} N_j^\eta h_j^\eta (h_i + h_j)^\gamma P_H +$$

$$\frac{1}{2^\gamma}\gamma A_t K^\delta N_i^\beta h_i^\beta N_j^\eta h_j^\eta (h_i + h_j)^{\gamma-1} P_H - N_i P_i = 0 \quad (4-6)$$

$$\frac{\partial \pi}{\partial h_j} = \frac{1}{2^\gamma}\eta A_t K^\delta N_i^\beta h_i^\beta N_j^\eta h_j^{\eta-1} (h_i + h_j)^\gamma P_H +$$

$$\frac{1}{2^\gamma}\gamma A_t K^\delta N_i^\beta h_i^\beta N_j^\eta h_j^\eta (h_i + h_j)^{\gamma-1} P_H - N_j P_j = 0 \quad (4-7)$$

将式(4-6)和式(4-7)联立,求解可得

$$h_j = \frac{[(\eta+\gamma)P_i N_i - (\beta+\gamma)P_j N_j] + \sqrt{[(\beta+\gamma)P_j N_j - (\eta+\gamma)P_i N_i]^2 + 4P_i N_i P_j N_j \eta \beta}}{\delta N_j P_j \beta} h_i$$

$$(4-8)$$

令式(4-8)的分数部分为 M,则有

$$h_j^* = M h_i \quad (4-9)$$

式(4-9)表明第 i 类 HTVIC 人力资本水平和对应的其他类型人力资本水平的配比关系。将式(4-9)代入式(4-6)得

$$h_i^* = \left[\frac{\delta^\gamma P_i}{A_t K^\delta N_i^{\beta-1} N_j^\eta (M+1)(\beta + M\beta + \gamma) P_H}\right]^{\frac{1}{\beta+\eta+\gamma-1}} \quad (4-10)$$

式(4-10)表明第 i 类 HTVIC 人力资本水平受到既有的技术进步、物质资本投入量、劳动力投入量、各类资本的价格因素和弹性系数、外部效应系数的影响。将(4-10)式和(4-4)式联立求解,有

$$K^* = \left[\frac{M^\eta (1+M)^{\frac{\beta+\eta+\gamma}{\beta+\eta+\gamma-1}+\gamma} P_H}{2^\gamma P_t A_t^{\frac{1}{\beta+\eta+\gamma-1}} N_i^{\frac{\beta}{\beta+\eta+\gamma-1}} N_j^{\frac{\eta}{\beta+\eta+\gamma-1}} (\beta + M\beta + \gamma)^{\frac{\beta+\eta+\gamma}{\beta+\eta+\gamma-1}}}\right]$$

$$(4-11)$$

式(4-11)即为物质资本最佳投入量,表明:(1)物质资本最佳投入量与自身的价格和既有的技术水平成反向关系,当技术进步水平提升或自身价格提高时,物质资本投入量较少,这是因为技术进步可以抵减物

质资本的投入量,而自身价格高,说明单位物质资本的创造价值能力强,则投入量少。(2)物质资本最佳投入量与人力资本价值产出的价格成正向关系,当人力资本产出的价格提高时,产出价值增加,此时假设不同类型人力资本及价格、物质资本价格不变,为保持目标函数的最大化,则物质资本投入量增加。(3)物质资本最佳投入量还受到不同类型的人力资本的价格和资本弹性系数以及外部效应系数的影响,但影响趋势不固定,主要原因在于不同类型人力资本水平的关系不确定。一旦上述参量给定,最佳物质资本投入量 K^* 即可给出。

当 K^* 确定后,将 K^* 和相关参数代入公式(4-10)式和(4-9)式,则可以获得 i 类型的最佳 HTVIC 人力资本水平 h_i^* 和对应其他类型的人力资本水平 h_j^*,最后根据 $H_i = N_i h_i, H_j = N_j h_j$ 可给出最佳人力资本投入量 H_i^* 和 H_j^*。

当 i 取不同值时,意味着不同类型的 HTVIC 人力资本有不同的最佳投入量,由(4-8)式和(4-10)式可以看出,除了公用参数 A_t, K, P_H 和弹性系数、外部效应系数及自身劳动力数量 N_i 和价格 P_i 外,i 类型的最佳投入量还受到对应的 j(除 i 以外的其他所有类型)的劳动力数量 N_j 和价格 P_j 的影响。例如,当 $i=1$ 而 $j=a$ 时,技能型人力资本最佳投入量为

$$H_1^* = N_1 h_1^* = N_1 \left[\frac{\delta^\gamma P_1}{A_t K^\delta N_1^{\beta-1} N_a^\eta (M+1)(\beta + M\beta + \gamma) P_H} \right]^{\frac{1}{\beta+\eta+\gamma-1}}$$

(4-12)

其中 M 为

$$M = \frac{[(\eta+\gamma)P_1 N_1 - (\beta+\gamma)P_a N_a] + \sqrt{[(\beta+\gamma)P_a N_a - (\eta+\gamma)P_1 N_1]^2 + 4P_1 N_1 P_a N_a \eta \beta}}{\delta N_a P_a \beta}$$

(4-13)

同理可得出研发型人力资本最佳投入量 H_2^*,企业家型人力资本最佳投入量 H_3^*,管理型人力资本最佳投入量 H_4^* 和服务型人力资本最佳

投入量 H_5^*，此时的最佳物质资本投入量固定为 K^*。

上述模型及结果表明，当物质资本与不同类型的人力资本都达到最佳投入量时，HTVIC 人力资本实现最优价值产出。根据各种资本的投入价格 P_H、P_K、P_i 和 P_j，可计算出最佳投资额。无论是独立投资、联合投资还是混合投资，根据投资主体的事先约定，按照最佳投资额进行差别性投入，既能满足对各类人力资本的投资需要，又能使投入资金充分发挥效率，节省成本。另外，投资主体可能无法完全实现最优投资，当物质资本投入存在约束或投资额有限的条件下，按照物质资本最佳投入量和不同类型人力资本最佳投入量的比例进行比例投入，虽不能实现最优价值产出，但因为遵从了各种资本投入量的配比关系，也可以实现次优投资，而且更符合实际情况。

4. HTVIC 人力资本投资的策略建议

确认不同类型 HTVIC 人力资本的最优投资量，是 HTVIC 人力资本投资决策的核心问题，除此之外，还需要注意以下几个方面。

（1）进行 HTVIC 人力资本投资激励。HTVIC 人力资本投资强调的是非正式教育和"干中学"等过程，培训成为这种投资的主要方式。由于高技术行业的高风险性，知识折旧速率加快，再培训的投资不一定能取得预期收益，使得投资收益具有不确定性；由于在集群内部存在宽泛的人才流动机制，以及集群自身具有的知识溢出特性，使得投资主体存在机会主义倾向和"搭便车"行为，缺乏投资主动性；由于受到物质资本水平制约，HTVIC 的人力资本水平高于一般水平，进行再培训的投资支出较高，而未来收益又不可预见，也无法保证投资一定成功或投资一定为自身带来收益，于是一些企业或个人存在短期行为，投资主体缺乏投资的意愿和热情。面对上述情况，HTVIC 应积极制定投资奖惩体系，鼓励多种投资主体和投资方式的进行；对难以确定收益的投资进行论证，只要对 HTVIC 发展整体有利，要给予支持；推行知识共享，同时要进行知识产权保护，保证投资主体的核心竞争优势不受到威胁；提升物质资本投入，制定优惠政策降低人力资本培训成本。

(2)区分不同类型 HTVIC 人力资本的投资重点。技术型人力资本强调应用性和实用性,在实践中通过"干中学"等过程实现人力资本水平的积累和提升。HTVIC 应努力创造理论和实际相联系的环境,推动技术人员的互动和学习,通过学习来提高理论水平,并进行相关实践以提高创造能力。研发型人力资本强调创新,创新具有风险,投资主体应允许风险和失败的存在,客观评价研发行为,给予物质奖励和精神鼓励,并且为研发人员创造调研和实验的环境,甚至是不受打扰的科研工作环境,使创新更具实践应用性和科学性。企业家型人力资本强调视野开拓性,既要注重短期利益,又要有长远眼光,应鼓励和开展各类形式的企业家交流与互动,比如参观、讲座等活动,提升眼界和对机会的敏锐性。管理型人力资本注重政策支持,应深入了解 HTVIC 的现状和发展机遇,与各层次人力资本交流,既要着眼于 HTVIC 整体发展,创造和谐交流的环境和制度,又要保护和促进个体进步,维持适当竞争,以利于人力资本需求产生及价值实现。服务型人力资本侧重辅助和中介作用,对其培训投资的重点应强调公共意识的形成和服务的业务专长,以及解决纠纷协调事项的重要能力。

(3)充分使用 HTVIC 综合平台。综合平台是虚拟实现的重要手段和工具,成员在平台上实现空间集聚,彼此组织接近和互相信任,从而产生更多的合作交流机会,充分实现 HTVIC 的产业分工性。利用平台进行人力资本的再培训,可以节省成本,并具有产业发展意义。除了一般的产业知识在平台上发布外,还可以通过授权对相关的人力资本进行专门的培训,提供活动及机会,甚至知识内容,直接提高人力资本水平。此外,通过平台可以获取培训信息和人力资本的需求动向,刺激投资主体进行主动投入以实现更高的人力资本价值。

(4)鼓励 HTVIC 多方参与。人力资本投资需要一定的物质资本和货币资本的投入,单个投资主体难以承担巨额投资或者难以面对投资所产生的风险,HTVIC 应制定策略,鼓励多方参与,既可以降低投资主体的风险,又可以提高受益范围,有利于 HTVIC 整体人力资本水平的提升。多方参与,能够从多个角度提出人力资本的投资内容及形式,使人力资本投资具有灵活性和适用性。

4.2.2 HTVIC 人力资本创新激励

1. HTVIC 人力资本激励特征

不同于物质资本,人力资本是一种具有能动性的资本,表现在人力资本能够进行价值活动,从而实现价值产出。由于 HTVIC 的核心成员是高技术企业,其生存与发展的动力是创新,HTVIC 通过创新实现高收益,创新是人力资本最重要的价值活动,除了通过正规教育和培训形成的人力资本创新能力外,人力资本的主观意愿也将影响创新的大小和创新活动的最终实现。HTVIC 人力资本激励就是采取一定行为和措施,构建创新的氛围与环境,激发和促进人力资本的积极性和主动性,使人力资本愿意创新并且更多、更好地创新,最终实现人力资本的创新价值。

HTVIC 的人力资本激励同企业角度的人力资本激励是不同的,主要表现在以下三个方面。

(1)HTVIC 人力资本激励研究的是宏观层面的激励问题,多种类型的人力资本同时共存,而且从产业链的角度来看,任何类型的人力资本都是不可或缺的;企业人力资本激励研究的是微观层面的激励,虽也存在不同类型的人力资本,但强调对于企业价值最大化有重要影响的类型,比如企业家激励或研发人员激励。

(2)HTVIC 的成员间没有隶属关系,激励的主体是"集群",通过制度安排对人力资本进行间接激励和软约束;而企业是紧密组织,有严格的组织结构,企业对员工的激励是直接的,薪酬和权利成为重要的激励手段。

(3)激励的目标不同,HTVIC 人力资本激励的目标是形成创新氛围并促进和刺激创新生成;而企业人力资本激励的目的在于充分挖掘人力资本的潜力,直接形成创新产出。

2. HTVIC 人力资本激励模型

对人力资本的激励,目前有经济学和管理学两个角度。经济学强调采用委托代理理论进行最优激励契约设计,使得代理人最大限度地实现委托人的经济利益;管理学强调对多种激励因素的分析和激励策略的制定,比较著名的有内容激励理论(需要层次理论、ERG 理论、双因素理论、成就需要理论)、过程激励理论(期望理论、公平理论、目标管理理论)、强化激励理论和综合激励理论(波特-劳勒激励模型、迪尔综合激励模型、罗宾斯综合激励模型)。为构建 HTVIC 人力资本价值提取机制,本书从管理学角度入手,重点研究激励的影响因素及激励策略的制定。

从管理角度看,综合激励理论是对内容激励理论、过程激励理论和强化激励理论的综合,主要包括波特综合激励模型和迪尔综合激励模型。波特综合激励模型打破了单因素分析思维,把人的努力与绩效、报酬和满意度相联系,认为对人的激励应该遵循激励—努力—绩效—报酬—满意度再到激励的循环;迪尔综合激励模型用数学公式表达了总激励水平,认为总激励水平是内在性激励和外在性激励之和,内在性激励与过程和任务本身有关,而外在性激励与结果和任务完成的成就有关。要进行有效的激励,就需要采取措施和行为来提高这些因素。根据上述两个模型的思想,并考虑到 HTVIC 人力资本激励的特征,可以建立 HTVIC 人力资本综合激励双层循环模型,如图 4-1 所示。

图 4-1 中,内层为波特综合激励模型,从个体微观层面说明了激励对人力资本的良性反馈过程。当人力资本受到激励时,人力资本会产生创新的积极性并努力进行创新工作,此时个人的能力和对工作的认知、理解与努力相互作用,最终形成创新绩效,表现为创新产出。根据产出绩效,人力资本获得创新报酬,包括外在报酬和内在报酬,前者有工资、地位、安全感等。满足马斯洛的低层次需要,后者是自己给予的报酬与奖励,比如社会认同感,价值感等。当得到的报酬被认为能有效地反映投入的努力、能力和认知时,公平感会产生,从而实现个人满意。同时,

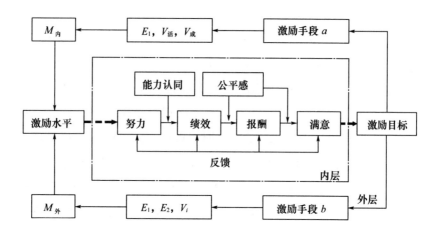

图4-1 HTVIC人力资本综合激励双层循环模型

个人满意程度、报酬多少及创新的绩效又会影响到努力的水平,形成对努力的反馈循环。当HTVIC的所有人力资本进行上述过程时,多个个体的激励良性反馈循环相互作用形成创新氛围,即实现了HTVIC人力资本创新激励目标。

外层为迪尔综合激励模型,从整体宏观层面说明了为构建HTVIC人力资本创新氛围这一目标,需要采用一定的激励手段a和b,从而提高激励因素变量。包括创新活动本身的吸引力和价值的效价变量$V_{活}$,任务活动完成所取得的成就的吸引力和价值的效价变量$V_{成}$,期望变量E_1、E_2和奖酬的效价变量V_i,形成内在激励水平$M_{内} = V_{活} + E_1 V_{成}$和外在激励水平$M_{外} = E_1 \sum_{i=1}^{n} E_{2i} V_i$,由此提高总激励水平$M = M_{内} + M_{外}$,并对人力资本进行激励作用,进入个体层激励反馈过程。激励目标和激励手段是一种双向关系,激励手段的实施有益于激励目标的实现,而激励目标又为激励手段的采用指明了方向。

上述两个层次以激励水平和激励目标为联结,激励水平反映了激励的有效性,高的激励水平产生良性激励效应,激励水平是内层的原动力,是外层行为的结果;而激励目标反映了HTVIC人力资本创新激励与企业激励的不同,企业激励主要为直接形成企业价值有关的要素,比如创新产出等,而 HTVIC 人力资本激励是通过促进创新氛围的生成,间接利于创新产出。两个层次表明在个体实现了良性激励循环的基础上,形成整体的创新氛围,并引导激励手段的采用,最后以提高的总激励水平再次进入内层循环。

3. HTVIC 人力资本激励的制度安排

HTVIC 人力资本综合激励的双层循环模型阐述了激励运行机理,外层循环中的激励手段是集群层面的可控因素,对其进行设计和控制,将有效提高激励因素及最终的激励水平。激励手段包括物质激励和非物质激励两种,对于不同的 HTVIC 人力资本类型,应从激励因素和水平入手,根据其在创新活动中功能和作用的不同,进行不同的激励制度安排,从而实现有效激励。

(1)企业家型人力资本激励。企业家创新的 $V_{活}$ 指的是发现创新机遇,$V_{成}$ 是创新机遇发现所带来的成就,V_i 是可以得到的奖酬,E_1 是企业家进行机遇发现而形成绩效的可能性,E_2 是绩效形成外在性奖酬的可能性。为提高以上几个因素,应制定针对企业家的奖惩制度并进行观念培育,鼓励企业家进行广泛调研,充分互动并积极进行创新改革,鼓励 HTVIC 成员企业对相应的企业家进行薪酬和权利激励。除此之外,企业家更需要精神激励和情感激励,建立企业家评级、会面等制度,实现企业家自我价值的认可和成就感的满足,并在相互交流中传授经验,激发新思想,提升进取意识,最终使其能自发主动地进行创新发现。

(2)研发型人力资本激励。研发型人力资本的 $V_{活}$ 主要是进行研发活动,相应的其他激励因素都与研发活动相关。对于研发人员,应引导其所属机构给予符合预期的薪酬及权利激励,另外,还需要建立交流、保障和容错制度,促进研发人员相互交流从而拓宽思维,给予研发人员软硬件环境支持,特别是当创新失败时,要对相应人员给予基本保障并容忍失败,鼓励研发人员在不断的失败中取得创新成功。

(3)技能型人力资本激励。技能型人力资本的 $V_{活}$ 主要是技术应用性创新。同样,除了基本物质激励外,还应建立应用、培训和自我提升制度,给予技能型人力资本反复应用以产生熟能生巧的机会,并鼓励技术人员的成长,给予其培训和提升自我的机会,使其敢于尝试新事物并能科学使用相应的工具和方法,从而产生应用创新。

(4)管理型人力资本的激励。HTVIC 管理型人力资本较多集中于政府部门,不同于企业内部管理人员的辅助创新功能。政府管理行为也是需要创新的,其 $V_{活}$ 主要是政策创新和公共服务创新,创新的内容集中于跨区域政策协调和信息沟通与共享的基础建设方面。地方利益是影响创新积极性的主要因素,因此应建立合理的政府参与制度,允许政府参与 HTVIC 创新收益的分配,并把创新绩效作为政绩考核的重要内容。

(5)服务型人力资本的激励。服务型人力资本的 $V_{活}$ 主要是服务方式及内容的创新。应建立服务需求评测制度,确定服务创新的重点,减少盲目性和随意性,从而间接增加物质奖酬,同时建立服务预售制度,使服务创新具有针对性,保证服务创新收益的取得。

上述制度安排需要注意三方面内容:物质奖酬依然是重要的激励方式,这遵循了创新个体的经济人假设,从集群宏观层面进行的激励主要是制度激励,以制度诱发物质激励及其他激励方式的实现,目的在于提高激励水平,从而进入内层循环,激发创新个体的主动性,最终实现激励目标;激励目标既包括创新氛围的形成,又包括创新的价值产出,激励目标对激励手段具有导向作用;激励手段具体表现为不同 HTVIC 人力资本类型的激励制度安排,虽体现了迪尔综合激励模型,但与激励因素变量并不一一对应,而是针对不同类型 HTVIC 人力资本的 $V_{活}$ 和围绕 $V_{活}$ 的成就、奖惩和相关期望,综合给出的相应制度安排。

4.3 HTVIC 组织资本价值提取机制

资本在运动中增值,HTVIC 组织资本的增值主要通过 HTVIC 知识产权运营、跨区域文化整合和组织制度优化来实现。HTVIC 知识产权运营体现了 HTVIC 主体的高技术和高收益性;跨区域文化整合体现了 HTVIC 不受地域限制的组织接近特征;组织制度优化强调了 HTVIC 这种特殊组织形式,对于跨域政府协调、综合平台及组织机构的要求,综合反映了依赖于信息技术而实现组织邻近的虚拟特征。

4.3.1 HTVIC 知识产权运营

1. HTVIC 知识产权运营活动

知识产权是权利人在一定区域、一定期限内对其知识运用结果依法享有的专有权利(独占性),包括专利、著作权、商标等,其设立的目的在于保护权利人的合法利益,刺激创新生成,同时促进知识成果的推广和广泛应用。HTVIC 的核心成员是高新技术企业,为保证其高技术和高收益性的实现,必然要重视知识产权的创造和应用。创造形成的是知识产权的数量,而将数量优势转化为质量优势,实现知识产权的价值,则需要对知识产权进行运营应用。HTVIC 知识产权运营活动包括申请、商业化和产业化、投融资活动、保护和反侵权、协调和评估,如图 4-2 所示。

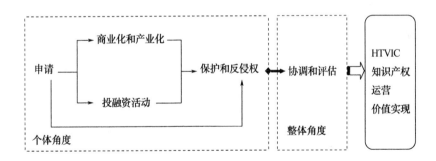

图 4-2 知识产权运营活动

(1)申请。按照法律规定的流程,当形成知识成果后,潜在的权利人将积极进行知识产权的申请工作,通过审批后,权利人便拥有了对知识产权的排他性所有权。申请是知识产权运营的基础,既是保护所有者合法受益的私有权,也是限制权利人的无限期占有,推进成果的公有化的方式。

(2)商业化和产业化。知识产权用于生产中,直接转化为产品和服务,或者用于改善生产工具、提高生产效率;以商品的形式出售、转让或许可等交易方式实现商业化;与高技术产业相结合,促进知识产权成果的产业化。这些将实现科技成果向生产力的转化并获得知识产权的经济收益,是 HTVIC 知识产权运营的基本活动。

(3)投融资活动。利用知识产权进行投资,可以以知识产权入股,专利、商标甚至著作权都可以作价出资,或者直接以知识产权参与合作,从而获得知识产权的资本收益。知识产权的融资主要有:质押融资,知识产权可以作为担保品,设定质权,向资金提供者申请贷款,从而降低融资成本;许可融资,在保证知识产权所有权的基础上,转让使用权从而获利;知识产权证券化,指权利人将知识产权出售给专门机构,以未来许可使用费为支撑,转化为证券形式而获得资金。后两者建立在知识产权的所有权和使用权可分离特性的基础上,类似的还有知识产权信托,指委托受托人按其意愿对知识产权进行管理和处置。投融资活动日益成为 HTVIC 知识产权运营活动的重要内容,成为除商业化和产业化之外的主要日常收益来源。

(4)保护和反侵权。知识产权设立的根本目的是保护权利人对其成果的收益独占性,从而保护和刺激创新的持续生成。侵权事件损害了权利人的利益,使其对知识产权的投入难以获得预期的回报,从而打消创新的积极性,造成不良的社会影响,特别是在网络和信息环境下,高技术产品的盗版、仿造等侵权事件在技术上更容易实现,因此尤其要加强对知识产权的保护,严格对知识产权的使用情况进行监管。反侵权需要诉诸法律,对侵权提起诉讼加以惩罚并获得赔偿,保证权利人的利益及社会公平。

(5)协调和评估。这是从 HTVIC 整体角度对知识产权的运营。同一知识产权的权利人和使用者之间、不同使用者之间或类似知识产权权利人之间存在部分利益冲突,协调活动从整体和长远利益出发,对相关人员或机构进行利益或关系的安排,实现整体运营价值的最大化。评估活动包括两个方面:对交易活动和投融资活动的知识产权价值评估;对知识产权数量和质量的评估。评估保证了公平并提高了知识产权的运营效率,间接促进了知识产权价值的实现。

2. HTVIC 知识产权的经济学属性

为促进上述知识产权运营活动的有效开展,需要把握知识产权的经济学属性。

知识产权具有私人产品和公共产品两种属性。知识产权是权利人的智力成果,在形成过程中投入了时间、资金、人力和物力等,在经济人假设下,权利人必然要求得到成本回报甚至垄断性的超额回报,也只有权利人从知识产权中获益时,权利人才会积极进行创新从而形成知识产权;当权利人的权益受到侵犯时,需要得到一定程度的补偿或赔偿,体现了私人产品特性。同时,知识产权是由权利人申请、政府部门审核通过的,通过某种法律允许的方式,知识产权可以被其他成员使用,这是因为任何知识产权都是在以往知识的基础上产生的,知识产权应该有益于社会公共利益,而且知识产权有期限限制,当保护期限结束后,任何人不得排除其他人对其使用,具有非排他性;作为一种知识资产,知识产权通过运用在 HTVIC 内部不断地转移和传播,但不会因为使用者的增加而减少,具有非竞争性。非排他性和非竞争性是公共产品的重要特征,因此,知识产权又具有了公共产品属性。私人产品属性是无条件存在的,但公共产品属性是有条件的,即知识产权到期,或者知识产权进行了商业化和产业化活动及投融资活动。

私人产品在法律上表现为私权性,保护的是私人利益,而公共产品表现为公权性,有益于公共利益。HTVIC 成员进行创新活动,申请批准后形成知识产权,知识产权具有专用性,某特定的知识产权难以遵循供求规律,不会因为价格升高而供给增加,价格降低而需求增加。但从

HTVIC 整体来看,不同成员拥有不同知识产权,假设平均价格和总供给、总需求存在相互作用,当成员愿意通过某种知识产权的运营活动与其他成员发生知识产权交易时,成员实现了私人利益,成为供给方(生产者),而接受知识产权的成员则成为需求方(消费者),多个成员的需求叠加形成总需求,总需求的实现推动 HTVIC 整体的发展,体现了公共利益。

从 HTVIC 知识产权的双重属性出发,采用经济学的供求和均衡分析、价格弹性和交易成本理论,本书从以下四个方面促进 HTVIC 知识产权的有效运营,从而实现 HTVIC 知识产权价值实现和价值增加。

3. HTVIC 知识产权的集中代理

考虑供给量变动:假设需求仅受到价格的影响,总需求函数表示为

$$Q_D = f(P_D) \qquad (4-14)$$

如图 4-3 的曲线 D,总需求随着价格的降低而增加,当消费者愿意支付的价格和实际支付的价格产生差额时,形成消费者剩余,在图中表现为市场价格线 $P_0 E_0$ 以上和需求曲线 D 以下的面积,令反需求函数 $P_D = F(Q_D)$,则消费者剩余 S_C 为

$$S_C = \int_0^{Q_0} F(Q) \mathrm{d}Q - P_0 Q_0 \qquad (4-15)$$

消费者剩余表明了从交易中获得知识产权的 HTVIC 成员所感受的福利。

假设供给仅受到价格的影响,总供给函数表示为

$$Q_S = g(P_S) \qquad (4-16)$$

总供给曲线如图 4-3 的曲线 S。当生产者得到的价格和支付的成本产生差额时,形成生产者剩余,在图中表示为 $P_0 E_0$ 以下和供给曲线 S 以上的面积,令反供给函数 $P_S = G(Q_S)$,则生产者剩余 S_P 为

$$S_P = P_0 Q_0 - \int_0^{Q_0} G(Q) \mathrm{d}Q \qquad (4-17)$$

生产者剩余表明愿意提供知识产权的 HTVIC 成员在交易中获得的福利。

第4章 HTVIC 知识资本价值提取机制

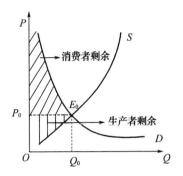

图 4-3 供求均衡和总剩余

当需求不变时,供给量随价格的增加而增加,表现为点在供给曲线上的移动,此处的量指的是不同知识产权的总量。当供给和需求达到均衡时,供给曲线与需求曲线交于 E_0 点,均衡意味着知识产权的供给没有浪费,需求也没有不足,此时消费者剩余和生产者剩余的和为总剩余,如图 4-3 中所有阴影部分的面积。总剩余反映了 HTVIC 成员在知识产权运营活动中经济收益的总体情况,是对社会福利的一种度量,总剩余表示为 S_T,即

$$S_T = S_C + S_P = \int_0^{Q_0} F(Q)\,dQ - \int_0^{Q_0} G(Q)\,dQ \qquad (4-18)$$

当消费者剩余和生产者剩余同时取最大时,总剩余最大,也就是说,权利人福利所表明的私人利益和受让人福利所表明的公共利益达到均衡,社会福利最大。

供给量的变动主要体现私人利益和公共利益的一致性,因此可以建立集中的 HTVIC 知识产权代理机构。HTVIC 由相关或相近产业和机构组成,在知识产权问题上存在共性,建立集中的知识产权机构,可以统一处理这些共性问题。集中的知识产权机构负责知识产权的代申请、人才的培训、监督、代维权和提供法律资助等,从维护知识产权的私权性角度保证私人利益的实现和最大化。同时,集中的知识产权机构还要对 HTVIC 内部知识产权进行管理,促进和刺激知识产权的转移和扩散。

由于 HTVIC 是存在一定关联的松散组织,成员之所以加入 HTVIC,正是由于松散组织内部的知识共享和知识外溢的优势,因此,从公权性的角度,集中机构应鼓励有偿转让和许可,促进各种知识产权交易的合法进行,实现知识产权沿产业链的深度开发,保证公共利益的最大化。

4. HTVIC 知识产权的供给增加

考虑供给曲线移动:假设总需求不变,总供给受到除价格外的多种因素的影响,包括供给方的能力 A 和意愿 W、技术条件 T 和制度支持 R。供给方的能力 A 主要是知识产权的产出能力,其实质是知识创新能力;意愿 W 主要是供给方是否愿意把知识产权出让给他人使用;技术条件 T 强调了 HTVIC 对于网络及信息技术的依赖;制度支持 R 主要是从 HTVIC 整体角度给出的有利于知识产权运营的各种策略。这些因素都可能带来供给数量的改变,由此引起供给曲线的移动,如图 4-4 所示,向右移动供给增加到 Q_a,向左移动供给减少到 Q_b。当向右侧移动时,形成新的均衡点 E_1,此时社会总福利比原有均衡位置 E_0 时的增加部分如图 4-4(a)的阴影区域;而向左移动时,新的均衡点为 E_2,此时减少的社会总福利为图中 4-4(b)的阴影区域。可见,向右移动的供给曲线会带来社会总福利增加。

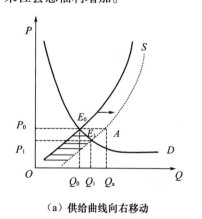
(a)供给曲线向右移动

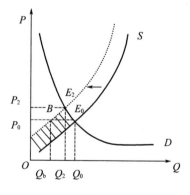
(b)供给曲线向左移动

图 4-4 供给曲线的移动

供给曲线的移动主要揭示了 HTVIC 知识产权运营活动受到多种因素影响,为促进 HTVIC 知识产权供给的增加,可以从以下因素入手。

(1) 提高供给能力和意愿。能力取决于创新,鼓励成员独立创新、协同创新并进行创新交流,积极申请知识产权;对于能够以知识产权形式在 HTVIC 内部转移的创新给予奖励,并为权利人进行知识产权转移提供便捷条件;对 HTVIC 内部产业进行规划和引导,促进内部有效供给增加,并推动知识产权的商业化和产业化;优化评估项目及流程,对知识产权进行客观公正评估,从而加大投融资活动的力度,获取资本收益。

(2) 充分和有效利用网络及信息技术。HTVIC 成员依靠网络及平台联结,通过网络收集和发布知识产权需求,建立产权人和受让人之间的关联;利用网络平台评估、报价和协商,促进知识产权优选和交易价值最大化;利用云建立成员知识产权档案,进行知识产权使用情况监督等,都将有效增加权利人利益,从而刺激供给增加。

(3) 建立有利于知识产权运营的具体制度和规范。制定知识产权创新具体激励措施,对有益于 HTVIC 发展的重要知识产权的权利人进行物质及精神奖励;建立培训和共享制度,积极利用平台进行 HTVIC 内部知识产权的转移和共享,激励运营价值实现和 HTVIC 利益最大化;建立协调规范机制,对知识产权运营中 HTVIC 成员的利益冲突进行协调,在依据法律法规的基础上,灵活处理权利人和受让人的关系,进行利益权衡。

5. HTVIC 知识产权的适度保护

考虑供给和需求曲线同时移动:假设供给和需求受到除价格因素外的政策影响,对于 HTVIC 的成员来说,知识产权是否受到保护和受到多大程度的保护(政策)将影响总需求和总供给的变化。

如果不保护,成员可以随意使用别人的知识成果,知识成果也可以在社会上随意转移和传播,总需求增加,总需求曲线向右移动 M,而此时供给由于难以收回成本而急剧减少,总供给曲线向左侧移动 $N(N>M)$,如图 4-5(a),均衡点从 E_0 到 E_3,根据公式(4-18),此时社会福利为

S_{Ta}, 即

$$S_{Ta} = \int_0^{Q_3} F(Q-M)dQ - \int_0^{Q_3} G(Q+N)dQ \quad (4-19)$$

如果过度保护,成员难以获得已经形成的知识成果,或成本过高,导致总需求减少,总需求曲线向左移动 M,而此时供给由于获得垄断收益,总供给曲线向右侧移动 $N(N>M)$,如图 4-5(b),均衡点从 E_0 到 E_4,此时社会福利为 S_{Tb},即

$$S_{Tb} = \int_0^{Q_4} F(Q+M)dQ - \int_0^{Q_4} G(Q-N)dQ \quad (4-20)$$

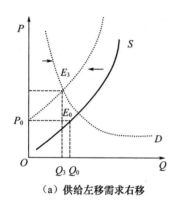

(a) 供给左移需求右移　　(b) 供给右移需求左移

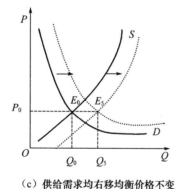 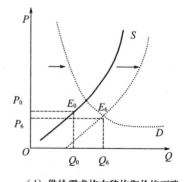

(c) 供给需求均右移均衡价格不变　　(d) 供给需求均右移均衡价格下降

图 4-5 供给和需求曲线的移动

第4章 HTVIC 知识资本价值提取机制

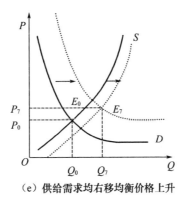

（e）供给需求均右移均衡价格上升

续图 4-5

以上两种情况形成的社会福利 S_{Ta} 和 S_{Tb} 依赖于曲线移动幅度 M、N 和均衡点 E_3、E_4 的具体位置,与均衡点 E_0 处的社会福利相比具有不确定性,也就是说如果政策为不保护或过度保护知识产权时,社会福利难以保证总取最大值,此处均衡点 E_0 指考虑了所有情况的均值。

如果适度保护,权利人能够弥补创新成本并获得合理利润,受让人以一定的方式合法取得知识产权带来的收益,双方的创新行为受到激励,总供给和总需求都增加,供给和需求曲线均向右侧移动,根据新的均衡点位置的不同,又有三种情况:$E_5 = E_0$,$E_6 < E_0$ 和 $E_7 > E_0$,如图4-5(c),4-5(d)和4-5(e)。由图中面积可以看出,这三种情况下形成的社会福利均大于 E_0 时,且与新均衡点位置无关。

除上述三种情况外,供给和需求曲线还可能同时向左移动,如图4-6,此时社会福利明显小于 E_0 时,如果宏观政策不鼓励创新,对知识产权的需求和供给就都会减少,但这与现实不符。

供给、需求曲线同时移动说明要进行适度保护,适度即要求既要刺激和鼓励权利人创新,又要使知识成果为社会所用。

从国家层面来讲,要积极开展知识产权保护的科学研究:对不同的专利、商标和版权,依据我国情况确立不同的最佳保护期限和范围;对知

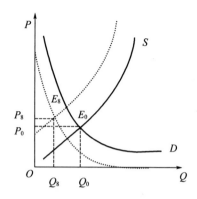

图 4-6 供给和需求均左移

识产权评估方法进行创新;特别要加大对跨地域的知识产权保护的政府协调及涉及网络和信息技术的知识产权保护的研究力度;适度通过知识产权保护水平或保护强度来衡量,因此要对知识产权的保护水平进行定量研究,提供适度的判断标准。

从 HTVIC 层面来说,HTVIC 成员在遵循知识产权法的基础上,应根据实践经验,积极探讨更加具体的知识产权保护措施,比如:如何奖励对 HTVIC 发展具有重要意义的知识产权权利人;如何对 HTVIC 内部的盗版、网络侵权问题进行监督和惩处;如何进行组织邻近条件下的知识产权价值评估;如何既促进知识产权在 HTVIC 内部有效转移,又防止竞争优势丧失;如何协调和解决合作知识产权权利人的产权归属、利益分配和长短期的收益矛盾等问题,这里的合作既可以是多成员进行合作形成一个知识产权,也可以是知识产权转移后,原权利人和新权利人的关系。

6. HTVIC 知识产权的交易促进

考虑供给弹性:当供给曲线为非线性时,曲线上的点的弹性是不同的,弹性 E_s 是供给变动的百分比与价格变动百分比的值,有公式

$$E_s = \frac{\frac{\Delta Q}{Q}}{\frac{\Delta P}{P}} \qquad (4-21)$$

当 $E_s > 1$ 时,为富有弹性,即供给的变化对价格变化反应敏感,其切线与数量轴交于原点右侧;当 $E_s < 1$ 时,为缺乏弹性,说明供给的变化对价格变化反应不大,切线交于原点左侧;当 $E_s = 1$ 时,为单位弹性,说明供给的变化与价格变化同等程度;当 $E_s = 0$ 或 $E_s = \infty$ 时,为无弹性或无限弹性,说明供给的变化根本不受价格影响或在给定价格时供给无限。一般认为,后三种情况在现实经济生活中比较少见,所以 HTVIC 知识产权的供给弹性主要为前两种情况。

假设在一定的需求下,存在两条供给曲线 S_1、S_2 和两个点 $A(Q_0 + \Delta Q, P_0 + \Delta P_A)$、$B(Q_0 + \Delta Q, P_0 + \Delta P_B)$,供给和需求的均衡点为 $E_0(Q_0, P_0)$,实现了社会资源的最优配置和社会福利最大。另,A 和 B 两点都在均衡点的右侧,反映了供大于求的情况(供小于求时 HTVIC 特征不突出,不研究),过 A 点的曲线切线交于原点右侧为缺乏弹性 $E_A < 1$,过 B 点的曲线切线交于原点左侧为富有弹性 $E_B > 1$,讨论 A、B 两点到均衡点的价格和供给的变化情况。

依据公式(4-21),A 点弹性为

$$E_A = \frac{\Delta Q}{\Delta P_A} \cdot \frac{P_A}{Q_A} = \frac{\Delta Q}{\Delta P_A} \cdot \frac{P_0 + \Delta P_A}{Q_0 + \Delta Q} \qquad (4-22)$$

B 点的弹性为

$$E_B = \frac{\Delta Q}{\Delta P_B} \cdot \frac{P_B}{Q_B} = \frac{\Delta Q}{\Delta P_B} \cdot \frac{P_0 + \Delta P_B}{Q_0 + \Delta Q} \qquad (4-23)$$

则(4-23)减(4-22)有

$$E_B - E_A = \frac{\Delta Q}{Q_0 + \Delta Q} \cdot P_0 \cdot \left(\frac{1}{\Delta P_B} - \frac{1}{\Delta P_A}\right) \qquad (4-24)$$

又 $E_B > E_A$,则有

$$\Delta P_A > \Delta P_B \qquad (4-25)$$

即 A、B 两点相对于均衡点的供给量变化相等时,缺乏弹性的 A 点价格变动要大于富有弹性的 B 点的价格变动,如图 4-7 所示。通过对价格的调整,可以实现供给量的改变,说明不仅供求影响价格,价格也影响供求。

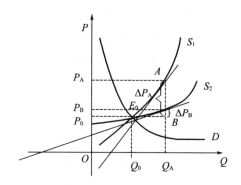

图4-7 供给弹性

这里的价格主要是HTVIC的成员知识产权在转让、出售、许可等交易活动中的市场价格P_H。知识产权不同于物质产品,其定价要考虑成本、预期收益、市场垄断和社会发展水平等多种因素,为实现知识产权人的利益最大化,知识产权的价格必然远高于成本,但即便如此也依然不能脱离成本,成本的降低将有利于HTVIC知识产权交易的双方。除了生产成本以外,由于存在多个交易方的信息不对称,增加了交易的不确定性,会产生信息搜寻、议价谈判、签订契约、决策监督和履行合约等交易成本,而且知识产权的交易成本相对于物质产品而言较高。

HTVIC是介于市场和企业之间的松散组织,成员间组织邻近、彼此信任和协同互动,而且网络和信息技术广泛使用,这些能够有效减少信息不对称的情况,相对于没有近缘关系的企业交易而言,减少了知识产权的交易成本,进而降低了价格P_H,又引起供给量的减少,回归均衡点E_0,实现HTVIC福利最大化。另外,缺乏弹性时的价格降低幅度要大于富有弹性时,也就是说,HTVIC交易成本节约优势在知识产权供给缺乏弹性时得到了最好体现。

为促进HTVIC知识产权交易更好地进行,需要从两个方面入手。

(1)使HTVIC知识产权供给缺乏弹性,亦即由HTVIC管理机构制定相关制度,以保证HTVIC知识产权价格的相对稳定,对于价格歧视、超高定价及掠夺性定价等知识产权价格垄断行为进行有效监管。

(2)HTVIC交易成本节约优势能够表现出来,首要前提是HTVIC对于不同的成员主体的利益矛盾能够有效协调,其管理成本要低于交易成本节约。可以建立导向型的管理制度,创造条件引导HTVIC成员进行自组织协同,解决成员在知识产权交易中的道德风险、逆向选择风险、搭便车行为、知识产权滥用和垄断等问题。

4.3.2 HTVIC跨区域文化整合

文化指的是一定社会群体的行为习惯、思维方式、价值观念、民间习俗,甚至生活和交往方式等。一定区域经济主体的行为,是在该区域的社会文化、资源禀赋文化和商业、企业文化等作用下与其他主体相互作用的结果;反过来,经济主体的长期相互作用行为又促进了区域文化的形成。

把文化和经济联系在一起经常用"根植性"来说明,处于同一区域(常指集群)的不同主体由于根植性,存在相似的企业家精神、企业行为方式和制度习惯等,甚至形成共同价值观及创新热情等,也就是说,根植性促进了成员之间的相互了解与合作,促进了集体行动的产生,对创新具有重要作用。但从长期来看,根植性也容易形成路径依赖和"区域锁定",导致集群发展衰退。这正说明,打破地域限制的主体相互联系,从而使根植性和多样化相互融合发展将具有合理的意义。

HTVIC正是这样一种不受地域限制的松散组织,具有组织邻近特性,比较典型的就是跨地域的企业和相关机构,这些企业原来存在于一定的地域范围时,必然受到当地文化的影响,也就是根植性,从而形成某特定的区域文化。为克服根植性的负面作用,当不同地域的HTVIC成员基于某种"邻近"进行相互作用,通过网络及信息技术相互联结时,为实现HTVIC整体效用最大化,必然产生跨地域的文化整合问题。

HTVIC文化整合的前提是尊重成员的独立发展,根植性对成员还是有一定益处的,所以不能全部否认,因而整合的目标是在保留成员文化多样性的基础上,构建统一的 HTVIC 文化,即求同存异,由此促使成员产生互惠行为或集体行动,增强 HTVIC 的凝聚力,实现 HTVIC 的整体发展。"同"表现在两个方面:一是进步文化替代落后文化;二是产生新的 HTVIC 文化。"求同"说明对 HTVIC 成员文化的整合要遵循创新与发展优先原则。"异"也表现在两个方面:一是不同文化的并存,保持差异性;二是不同文化的兼收并蓄,但不脱离原有文化。"存异"表明要遵从根植性优势,促进多样化发展。

因此,从降低根植性和促进创新两方面来考虑,可以对 HTVIC 跨区域文化进行整合,如图 4-8 所示,前者体现 HTVIC 虚拟特征的不受地域限制性,后者体现了 HTVIC 成员主体的高技术性。

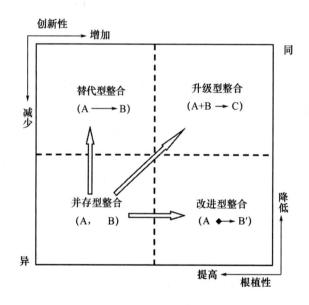

图 4-8 HTVIC 跨区域文化整合

(1)并存型整合。由于任何一种文化都是 HTVIC 成员对环境适应的结果,具有很强的根植性,成员各自保留自己的文化,如图中 A 和 B 两种文化互不干扰的并存,此时 HTVIC 集群文化仅是成员文化加总汇聚的结果,创新性较低。这种情况难以体现 HTVIC 的优势及意义,是一种最为简单和基础的整合,若要推动 HTVIC 发展,还需要引入其他模式。

(2)替代型整合。如果 HTVIC 内部存在一种强势文化如 B,理论和实践经验都可以表明文化 B 将促进成员及整体共同发展,则此时文化 B 则取代完全弱势的文化 A,这时文化 A 的根植性则降低,而集群因为强势文化的推动,创新性增强且获得发展。

(3)改进型整合。如果 HTVIC 内部存在文化 B 略优于 A,且 A 的部分对 HTVIC 具有积极的推动作用,则文化 B 吸收 A 的优点,从而转化为 B′,相对于并存模式,新文化 B′的根植性降低,但创新性增强,从而适应能力增强,推动 HTVIC 发展。

(4)升级型整合。如果 HTVIC 内部成员文化势均力敌、各具优势,为促进 HTVIC 整体发展,成员与成员的相互作用形成新的文化 C,例如建立集群层面的制度文化,对成员间各种利益关系进行引导和协调,目的在于产生跨区域的协同效应,以此摆脱根植性的锁定效应,促进高创新性的生成。此种整合由于产生较多的创新,并最大限度地降低了根植性的负面作用,将促进 HTVIC 的高速和持续发展,成为最高级别的整合模式。

这四种整合在 HTVIC 跨区域文化整合过程中都是存在的,对于具体成员而言,具体选择哪种类型的整合,需要根据自己的需要并考虑 HTVIC 管理和协调机构的安排;而从 HTVIC 整体来看,最低级别的并存型模式并不利于 HTVIC 的发展,应建立制度或开展活动,主动引导成员行为,接受先进文化或者集中文化优势,最终产生创新文化,以文化指导行为并以行为构筑文化,从而为经济活动提供良好的环境支持,实现文化整合价值。

4.3.3 HTVIC 组织制度优化

HTVIC 是不受地域限制的一种松散组织,其虚拟特征中的跨地域性、对平台的依赖性和自组织结构需要一套相适应的组织制度体系。组织制度优化为成员协同作用的发挥创造条件，促进 HTVIC 知识资本增值的实现，主要体现在以下三个方面。

1. 政府间协调制度

HTVIC 打破传统地域限制，必然会涉及多个政府监管部门，由于政府对于本辖区的 HTVIC 成员主体可以制定各种优惠政策，当涉及不同政府时，同处于 HTVIC 的不同成员由于地域的差异，可能会享有不同的政策优惠。为保护 HTVIC 成员利益的公平性，从而促进创新和 HTVIC 发展，不同政府间要主动协调，确立责任关系和管辖范畴，对相关问题进行联合规划和监管，提供联合政策或服务。同时，不同的政府监管部门还存在行政权力的层级关系，要简化各级的审批汇报程序，提高服务效率。

2. 平台支撑制度

HTVIC 是多个成员依靠信息网络技术联结的，由于不受地域限制，这种联结对 IT 平台的依赖程度较传统集群更深，因此以 IT 技术为基础的 HTVIC 综合平台是 HTVIC 得以正常运营的重要基础设施。"综合"意味着要超越现有的信息平台，HTVIC 成员通过综合平台相互了解和联系，实现组织邻近，并且能够通过综合平台有效管理自身的知识资本。HTVIC 的管理机构也能通过平台对成员进行监督、引导和协调等，促进成员协同和 HTVIC 知识资本增值。

（1）重视平台的作用。积极进行平台的构建和维护，根据成员和管理机构的需要开发和不断完善相应的功能。传统构建平台的方法投入成本巨大，可借鉴云计算的思想，利用云计算的虚拟资源整合技术和海量存储特性，以及云计算的三层结构，对 HTVIC 综合平台进行开发和应用。

（2）保障平台的稳定性和安全性。基于云计算建立的 HTVIC 综合平台具有一定的稳定性和安全性，但为避免自然灾害和其他突发因素的影响，可以选择多个云计算中心进行租用，进行数据存储和并行计算；对于破坏 HTVIC 平台的行为,或私自泄露数据信息的行为,应由 HTVIC 管理机构出面或指派专职机构诉诸法律,为 HTVIC 及成员的利益提供保障。

(3)强调平台的协调和专业服务功能。除了作为信息展示和成员交流的重要工具之外,HTVIC 平台应逐步完善其协调和专业服务的功能。协调功能主要是指 HTVIC 管理机构对成员行为进行规范、监管和促进,由专家给出协调的方法和流程,兼顾公平和 HTVIC 的长远发展利益。HTVIC 综合平台的专业服务功能可以包括多种,应提供具体的专业解决方案,特别强调实用性和可操作性,目的在于为 HTVIC 成员的全方面发展提供科学决策的依据,同时促进成员间及成员和平台间的互动,提高 HTVIC 整体的专业水准。

3. HTVIC 弱管理制度

HTVIC 的管理机构由成员和政府两部分组成,既要处理 HTVIC 成员的共性问题,对成员进行协调和安排,又要代表政府对 HTVIC 成员及整体运行进行监管。但这种管理是在遵循 HTVIC 自组织发展的前提下,进行一定程度的管理,目的在于通过适当的干预和引导,推动 HTVIC 的自组织进化发展,这是一种较弱程度的管理,表现在以下几个方面。

(1)不干预型管理:HTVIC 的管理机构可以制定各种章程,对于不符合 HTVIC 成员整体利益的行为进行取缔和惩罚,促进成员间合作,但不干涉 HTVIC 成员内部的生产经营活动及内部制度安排、人事关系等。

(2)权限型管理:HTVIC 管理机构负责资格认定和权限管理,对进入的成员通过授予一定的权限,使其共享 HTVIC 的信息及政策,也可以对违反规章的成员取消其资格,冻结其权限。

(3)服务型管理:HTVIC 的管理机构应树立服务意识,建立健全公共服务体系,提供政策扶持、资金资助和人才培养等,为 HTVIC 及成员发展提供便利。

(4)建议型管理:HTVIC 管理机构负责制定产业规划和发展策略,并对具有引导性的重点行业给予各项政策倾斜,但只作为建议却不具备强制性。

4.4 HTVIC 关系资本价值提取机制

按照 Bontis 的观点,关系资本涵盖了与雇员、顾客、供应商及其他利益相关者的关系,这种关系的运用能够获得社会的好感和认同,从而防范机会主义、降低交易成本和提高运行效率,促进协同实现和价值的增加。HTVIC 关系资本包括两类:一是内部成员相互作用的合作信任关系,这里的信任具有广泛的含义,包括信任、承诺和友好相处等;二是外部顾客与 HTVIC 的关系,主要表现为顾客信任。因此,对 HTVIC 关系资本运用以实现 HTVIC 增值,就体现在增进成员间合作信任关系和提升顾客信任两个方面。

4.4.1 HTVIC 成员间合作信任增强

HTVIC 成员的相互作用主要为竞争与合作,不论是追求共赢的竞争型合作,还是追求多赢的合作型竞争,信任对价值实现都起到关键性作用。信任是对合作伙伴或潜在合作伙伴的确定性、诚实性有充足的信心,从而愿意依赖对方的认知和行为。HTVIC 成员间的信任既有双方信任,又有多方信任,信任在不同成员间传递,形成网络效应,成员间的合作信任同时促成 HTVIC 成员个体和整体价值的实现。同时,不同信任程度的价值贡献作用不同,适度提高信任程度,将利于价值实现。

Zucker 把信任分为两类:由个人联系形成信任为基于个人的信任,表现为血缘、亲缘、地缘关系;而由制度、规则形成的信任为基于制度的信任,比如合同法,签约双方由于对合同法的法律效率的肯定和认可,而产生合作中的彼此信任。传统产业集群(包括高技术产业集群)强调地理邻近,成员间偏重基于个人的信任;而 HTVIC 打破了地域限制,依靠网络平台的组织邻近实现集体效率,制度、契约和承诺等成为维系信任的重要载体,建立共同的制度或规则并有效运行,对失信行为进行监督和惩罚,以促进信任程度从无到有、从低度到中度、从中度到高度信任的提升,因此,HTVIC 成员信任更侧重于基于制度的信任。

根据有无合作经历,可以建立 HTVIC 成员间合作信任的制度体系,如图 4-9 所示。当不存在合作经历时,成员间的信任依赖于声誉的积累;当存在合作经历时,如果是直接合作,信任取决于信用评估结果,如果是间接合作,信任取决于关系的传递。

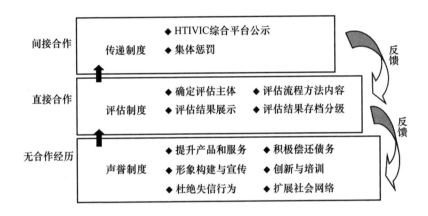

图 4-9 基于制度信任的 HTVIC 成员间合作信任增强

1. 声誉制度

对于 HTVIC 个体成员(受信方)特别是新进入的成员或新衍生成员而言,其他成员(施信方)是否能够与其产生初始合作信任,取决于声誉。声誉属于一种道德和价值判断,好的声誉使得其他成员对其容易产生信任,进而合作。要建立和维护良好声誉,需要从以下几方面入手:提高产品和服务的质量,获得顾客认同,从而取得较高盈利能力;在期限内积极偿还贷款和欠款,表明偿债能力和资产流动性;构建与宣传企业形象,从事公益事业,取得好感和支持;积极进行创新和人力资本培训,获得较好的未来收入预期;严格守信,杜绝任何失信行为产生;与相关机构保持良好关系,扩展社会网络,获得多方支持。声誉的建立是个逐步积累的过程,而且声誉不仅形成初始合作信任,在后续的合作过程中也将不断被强化,与信任是相互促进的关系。

2. 评估制度

对于有直接合作经历的 HTVIC 成员,是否信任和建立何种程度的信任,受到以往合作信任及程度的影响,是通过信任评估制度来实现的。

(1)确定信任评估主体。评估主体可以是合作双方,也可以委托第三方,第三方是具有资质的专业评估机构和双方所信赖的任意成员,比如银行、政府等。

(2)制定信任评估流程、指标、方法以及具体评估过程所要遵循的标准和规范,使信任双方在同一尺度下获得令人信服的评估结果,评估内容既包括合作前的声誉评估,也包括以往合作中的信任行为的实施情况。

(3)信任评估结果通过 HTVIC 综合平台在线和实时展示,消除信息不对称带来的失信行为发生的可能性,同时接受信任双方的质询并及时修订,给出有针对性的信任提升专家建议,起到协助管理的作用。

(4)对信任评估结果进行备案和存档,并划分信任等级,综合多次不同合作过程的评估结果,对处于高度信任的成员进行表彰和奖励。

3. 传递制度

对于没有直接合作经历的 HTVIC 成员,其信任达成和强化主要依赖于信任关系在 HTVIC 中的传递作用。传递的有效进行需要两个条件:一是依赖于 HTVIC 综合平台的公示;二是集体惩罚制度。

(1)HTVIC 综合平台对信任行为的公示。HTVIC 综合平台可以展示不同成员在直接合作中的信任评估等级,提供优选推荐受信成员名单,鼓励在线交互以进行了解和协调,促进合作信任快速建立。

(2)集体惩罚制度。当某成员存在失信行为时,将受到两种惩罚:其一,由于失信信息也在平台上公布,不仅原来的合作伙伴不再信任,其他的潜在合作伙伴也将提高警惕,形成联合抵制,失信成员在 HTVIC 中的信任程度急速下降,难以再形成合作信任。其二,HTVIC 的管理机构对失信行为进行惩罚,包括罚金和各种权限限制等,并督促其改进,甚至对于造成极为严重后果的成员进行通报或除名,使失信成员难以再分享HTVIC优势。这两种惩罚都能有效地遏制机会主义,强化HTVIC成员间的信任程度。

声誉制度是HTVIC成员间合作信任的基础,声誉是评估和传递的重要内容,而传递又以评估的结果为依据。反过来,评估和传递的结果又对声誉具有反馈作用,三者形成正向循环,强化HTVIC成员间的合作信任。

需要注意的是,HTVIC中基于制度的信任并不排斥基于个人的信任。在地域范围内的HTVIC成员仍然可以基于个人联系而相互信任,甚至在跨域地域范围时,朋友圈、同学圈、地域亲情仍然有助于信任的建立和增强。但基于制度的信任更强化了HTVIC不受地域限制的特性,更有利于HTVIC成员的彼此联结和协同合作。

4.4.2 HTVIC外部顾客信任增强

HTVIC是一种不受地域限制的产业联合,目的在于为最终消费者提供高技术产品或服务,这些最终消费者就是HTVIC的外部顾客,增强与外部的顾客信任将促进HTVIC产业收益的实现并获得未来收益保障。HTVIC外部的顾客信任主要是通过提供让顾客满意的产品或服务来实现的,主要表现为提升HTVIC顾客的满意度和忠诚度。

顾客满意表达了顾客对于HTVIC产品或服务的主观感觉和预期的一致性,顾客忠诚说明顾客有重复购买行为,对产品或服务进行积极宣传并有未来的购买欲望,顾客满意是忠诚的必要条件,只有达到非常满意才容易形成顾客忠诚。HTVIC的顾客具有分散性、多样性的特征,具有网络平台优势,因此,提升HTVIC顾客的满意度和忠诚度主要有以下几个途径。

(1)建立HTVIC集群品牌。品牌是集群的形象或标志,分散在不同区域的多个潜在顾客通过对品牌的了解,从而产生购前的顾客信任;在发生购买行为后,由于对HTVIC产品或服务的满意或不满意,形成了以

HTVIC品牌为载体的集群整体印象,如果满意则容易形成较高程度的顾客忠诚。HTVIC集群品牌的建立有两种方式:一是原有品牌的整合,二是创造新品牌。当HTVIC中存在具有良好社会声誉的企业品牌或区域品牌时,较为快捷的是采用强强联合、强弱互补等方式来对原有品牌进行整合,扩大原有品牌的内涵及作用范围;当不存在强势品牌时,根据HTVIC的产业特征、主导产品或服务等综合表现,积极进行新品牌的设计、注册、推广及保护工作,并注重新的集群品牌和原有企业或区域品牌的交互作用,最大限度地实现品牌价值。

(2)开发HTVIC公共顾客数据库。从HTVIC角度而言,由于HTVIC成员组织接近,成员间存在产业关联,一些基础的HTVIC顾客数据可以有不同用途。那么,积极利用HTVIC综合平台的优势,建立HTVIC公共顾客数据库,特别是利用云计算、大数据等新兴技术对顾客数据进行实时和动态的分析及处理,将有益于HTVIC成员及集群整体及时准确地掌握顾客需求信息,为顾客提供个性化服务,从而创造顾客满意度及提高顾客忠诚度。

(3)重视HTVIC顾客参与与体验。从HTVIC顾客角度而言,顾客积极参与HTVIC的运作将有益于建立顾客与HTVIC的紧密联系,促进创新生成,并使顾客的良好体验及时转化为顾客的满意度及忠诚度。HTVIC所具有的综合平台为顾客参与和体验提供了最大的便利。在HTVIC综合平台上可以建立顾客中心:顾客可以对HTVIC进行监督和提供建议;对HTVIC成员的产品和服务进行打分及其他评价;直接通过网络感受产品及服务,或在网络上预约实体店体验;对有损顾客满意的行为进行投诉和维权等。

4.5 本章小结

本章从HTVIC知识资本的资本性特征出发,通过对HTVIC知识资本要素——人力资本、组织资本和关系资本的运用,以实现HTVIC知识资本增值。

　　HTVIC人力资本价值提取机制从两个方面展开：从HTVIC人力资本再培训的视角，改进卢卡斯模型，建立了HTVIC人力资本投资决策模型，给出了不同类型的人力资本的最佳投资量并给出相关策略建议；根据HTVIC人力资本特征，建立HTVIC人力资本综合激励双层循环模型并给出不同类型人力资本激励的制度安排。

　　HTVIC组织资本价值提取机制从三个方面展开：从HTVIC知识产权的私人产品和公共产品双重属性出发，通过供求理论的均衡和总剩余分析以及供给弹性分析，提出促进HTVIC知识产权运营的集中代理制度、供给增加制度、适度保护制度和交易促进制度；从虚拟的组织邻近特征和降低根植性的角度，进行四类HTVIC跨区域文化整合，以体现HTVIC跨地域、多主体的文化多样性和统一性并存的特点；考虑HTVIC的跨地域性、对平台的依赖性和自组织结构特征，建立政府间协调制度、平台支撑制度和HTVIC弱管理制度，对HTVIC组织制度体系进行优化。

　　HTVIC关系资本价值提取机制从两个方面展开：考虑HTVIC成员间的内部合作关系，建立了HTVIC成员间合作信任的制度体系，以增强合作信任来促进成员间关系价值的实现；考虑HTVIC与外部的关系，给出提高顾客忠诚度和满意度的三种途径，以增强顾客信任并实现顾客的关系价值。

第5章 HTVIC 知识资本价值评估机制

知识资本具有增值性特征,不同 HTVIC 知识资本要素的增值构成了 HTVIC 知识资本的增值。本章将建立评估的组织机构;从 HTVIC 知识资本三个构成要素角度,对评估指标进行初选、确定和更新,建立评估指标管理机制;对评估方法进行选择,给出权重确定方法、综合评估方法和方法的动态调试制度,建立评估方法管理机制;建立评估保障机制,促进评估有效进行。本章的目的在于对 HTVIC 的协同增值效果进行有效评估,从而实现增值优化,并与价值创造、提取机制共同组成 HTVIC 知识资本增值机制。

5.1 HTVIC 知识资本价值评估主客体和机制架构

5.1.1 HTVIC 知识资本价值评估的主客体

HTVIC 知识资本价值评估的目的在于检测增值效果是否实现,从而把握现状和发现问题,以便采取针对性措施,对 HTVIC 知识资本的运行进行有效管理,同时可以对价值创造与提取机制进行选择和优化,最终促进 HTVIC 知识资本增值最大化的实现,即价值优化。

评估主体是评估活动的发出者。HTVIC 由不受地域限制的多个成员组成,HTVIC 管委会承担协调、监督和促进 HTVIC 发展的任务。当管委会或成员存在评估需求时,管委会将提出评估的要求,成为 HTVIC 知识资本价值评估的主体。管委会通过综合平台集中了不同成员的意愿和共同要求,为实现评估的目的,提出具体的评估方案、评估执行机构组成、评估的具体指标标准及评估的结果处理方式。

评估客体是评估活动的承受者。HTVIC知识资本价值评估的客体主要是HTVIC知识资本的协同增值效果,既可以是价值创造与提取机制运行后的增值效果,也可以是创造与提取机制未运行时的知识资本增值情况。从价值公式来看,增值效果表现在成本减少、收益增加或未来持续经营时间增长,但对这三项进行评估存在困难,具体原因在于:目前公认的价值公式主要是针对企业角度而言,针对集群特别是HTVIC的价值公式的具体形式仍待研究;价值公式反映的成本、收益和未来持续期是HTVIC知识资本要素共同作用的结果,甚至是与物质资本要素的共同作用结果,因此难以区分不同要素的增值情况,实践中难以进行针对性的改善,所以只能从理论上分析HTVIC知识资本的增值情况。而从构成要素来看,HTVIC知识资本要素在HTVIC成员主体的参与下相互协同,共同形成了HTVIC增值,因此,HTVIC知识资本增值效果又表现在HTVIC人力资本增值、组织资本增值和关系资本增值三个方面。

5.1.2 HTVIC知识资本价值评估机制架构

1. HTVIC知识资本价值评估的计量方式

知识资本评估主要有两种计量方式:一是货币计量方式,这主要是考虑到知识资本是市场价值和账面价值的差额,基于这样的思想,形成了市场和账面价值法、托宾q值法、知识资本增值系数法等,这些方法要求有较为健全的财务数据作为支撑,目前尚缺乏实际应用性;二是非货币计量方式,这里主要考虑到知识资本的要素构成,通过设计指标体系最后进行综合,从而对知识资本价值进行评估,比较典型的是斯堪地亚导航仪、无形资产检测器模型和记分卡模型等,这些模型由于具有较强的可操作性,在实际中得到了应用。本书采用第二种计量方式,从HTVIC知识资本的构成要素角度建立指标体系进行价值评估。

2. HTVIC知识资本价值评估的流程

采用指标体系的非货币计量方式对HTVIC知识资本价值评估的流

程如下。

(1)选择评估机构。HTVIC知识资本评估活动由HTVIC管委会发起,成立评估机构或委派专门评估机构进行评估活动。

(2)初选评估指标。根据评估目的初选HTVIC知识资本评估指标,并给出评估指标的测度及标准,客观、全面和科学地反映HTVIC知识资本价值增值问题。

(3)收集和整理评估数据。根据初选HTVIC知识资本评估指标收集评估数据,对难以直接获得的数据,通过设计和发放调查问卷获得;对数据进行整理,并按照评估方法要求对数据进行特别处理。

(4)确立指标体系。采用一定的方法对指标进行筛选,从而确立HTVIC知识资本评价指标体系。

(5)确立指标权重。根据一定的方法确立指标的权重,反映不同指标对HTVIC知识资本价值的影响和重要程度。

(6)选择评价方法。根据评估的目的、指标及数据的特征,选择合适的评价方法,从而得出HTVIC知识资本价值评估结果。

(7)对评估结果进行分析,把握现状和发现问题,有针对性地提出有利于HTVIC知识资本增值的建议和策略。

3. HTVIC知识资本价值评估机制的架构设计

根据以上分析,HTVIC知识资本价值评估机制由四部分构成,其架构如图5-1所示。

(1)HTVIC知识资本价值评估的组织机构。组织机构负责具体评估活动的运行,具有相应的职责和权利,最终对HTVIC管委会(评估主体)负责,并按照管委会的要求和评估标准,客观、公正地开展评估工作。

(2)HTVIC知识资本价值评估的指标管理机制。建立适当的评估指标体系是有效评估的前提。HTVIC知识资本价值评估的指标管理机制包括初始指标选择、初始指标确定和评估指标更新三个内容。根据专家意见、调查分析和文献研究等给出初始指标体系,反映由HTVIC成员相互协同而形成的知识资本三要素的增值情况;采用粗糙集中基于属性

第5章 HTVIC知识资本价值评估机制

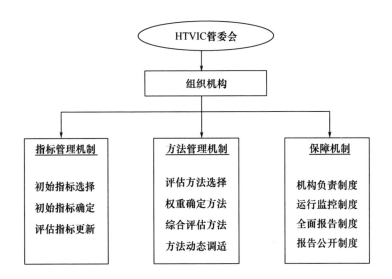

图5-1 HTVIC知识资本价值评估机制架构

重要度的指标约简方法确定评估指标,并在此基础上对指标进行更新,从而利于评估的循环进行。

(3)HTVIC知识资本价值评估的方法管理机制。评估方法包含两个方面:一个是权重确定方法,一个是综合评估方法。通过对常用权重确定方法的比较,选择粗糙集中基于知识粒度的指标权重确定方法,并把粗糙集和灰色综合评价相结合,采用灰色白化权评估给出最后的评估结果。为实现评估方法与实际情况的匹配,还要建立评估方法的动态调适制度。因此,HTVIC知识资本价值评估的方法管理机制,包含评估方法选择、权重确定方法、综合评估方法和方法动态调适四个方面。

(4)HTVIC知识资本价值评估的保障机制。为推进评估活动运行和实现评估的正反馈作用,需要建立相应保障制度,从而对评估过程进行描述以便于监管;对评估结果进行客观分析,并提供具体建议和策略,推动HTVIC增值的实现。

5.2　HTVIC 知识资本价值评估的组织机构

评估活动需要一个执行机构来负责,HTVIC 管委会可以选择成员或专家成立评估小组,或者选择和安排第三方评估机构来执行具体评估。在成立评估机构时,要考虑机构成员的权威性和公正性,以及利益无关性和专业性,从而保证评估结果的可信性。权威性要求评估机构的成员具有公信力,能严格执行评估标准并能够对评估结果进行处置。公正性要求评估机构的产生要从全体成员中公开产生,要兼顾成员和整体的关系,在执行评估时不带有任何偏见。利益无关性指评估机构要在财务上独立于所有成员,以使评估结果更为公正。专业性指评估机构要熟悉知识资本及其运作,能准确理解知识资本评估的各项指标及标准,熟练使用知识资本评估的具体模型和方法。

HTVIC 评估执行机构的职责主要有以下几个方面:收集和整理评估数据;按评估标准和要求执行评估活动;对评估结果进行分析并提供建议,反馈给决策机构和 HTVIC 管委会。有时,评估机构也要对评估流程、评估指标甚至评估方法和模型进行修改,使得 HTVIC 知识资本的评估更能体现具体集群的特征和 HTVIC 的实际情况。

5.3　HTVIC 知识资本价值评估的指标管理机制

5.3.1　初始指标选择

1. 指标体系初选的原则

HTVIC 知识资本评估指标体系的初选需要遵循以下原则。

(1)科学性。HTVIC 知识资本评估是一个新的问题,目前国内企业知识资本评估还没有广泛开展,企业和其他组织内部还没有独立的知识资本报表,知识资本增值问题还未受到应有的重视,因此指标体系初选要参考国外经验及研究结论,科学合理地设定。

(2)全面性。HTVIC知识资本是由不同成员的知识资本汇聚而成的,既有HTVIC的整体特征,又有成员的个体特征;同时,知识资本表现为知识性和资本性两个方面,因此指标体系初选需要考虑上述因素,尽可能体现全面性。

(3)数据可获取性。HTVIC是新兴的松散组织,而且知识资本报告未得到推广,知识资本的价值也难以和物质资本价值进行严格区分,因此,指标体系的初选需要考虑数据的可获取性,定性数据的比重要大于定量数据。

(4)指导性。HTVIC知识资本评估不仅要对现状进行评估,然后反馈和改进,还需要对未来发展负责,评估的指标体系直接影响到成员或整体对知识资本的投入、应用和重视程度,因此,评估指标体系的初选既要基于现实,又要具有前瞻性、指导性,推动HTVIC知识资本增值更快更好实现。

(5)体现HTVIC知识资本的特征。HTVIC不同于集群和其他松散组织,它有自己的特征,特别强调了虚拟的作用;知识资本不同于物质资本,主要表现在知识性方面,而资本性方面也不完全相同,虽然都可以产生价值,但知识资本主要通过对物质资本的撬动作用而实现增值;HTVIC由成员构成,成员个体和HTVIC整体不同,成员个体通过自组织作用形成HTVIC整体,HTVIC整体对个体存在协调和监管等作用。因此,评估指标体系的初选应着重反映HTVIC知识资本的特征,以区别于其他组织的知识资本评估。

2. 指标体系初选

HTVIC知识资本增值是不受地域限制的多个成员相互协同增值的结果,成员的协同主要是以要素的形式进行,也就是不同成员以自身的知识资本要素参与HTVIC的运作,在虚拟空间中形成HTVIC人力资本、组织资本和关系资本要素,从而产生协同增值,因此,更确切地说,

HTVIC 知识资本增值是 HTVIC 成员主体以 HTVIC 知识资本要素的形式相互协同作用的结果。本书从构成要素的增值特性角度,借鉴学者对企业知识资本评估、区域知识资本评估及国家知识资本评估的研究成果,并结合 HTVIC 的特征,从 HTVIC 人力资本增值、HTVIC 组织资本增值和 HTVIC 关系资本增值三个方面建立评估指标体系。

(1)HTVIC 人力资本增值指标。HTVIC 人力资本是不同 HTVIC 成员人力资本集聚而形成的知识、经验和技能的总和,以人为载体,是最具能动性和主动性的要素。HTVIC 人力资本的增值能力主要通过教育水平和能力水平来体现。HTVIC 人力资本增值指标见表 5–1。

表 5–1 HTVIC 人力资本增值指标

	教育水平	创新能力	专业能力和沟通协调能力
HTVIC 人力资本增值指标	人均受教育年限 A_1	R&D 人员比例 A_{10}	专业技术人员数量 A_{18}
	人均教育费用投入强度 A_2	平均研发能力 A_{11}	中级职称以上人员比例 A_{19}
	大学学历以上人员占比 A_3	R&D 投入强度 A_{12}	工程师数量占比 A_{20}
	平均外语水平 A_4	研发课题或项目数 A_{13}	高管人员比例 A_{21}
	平均计算机水平 A_5	研发项目经费 A_{14}	企业家能力 A_{22}
	平均在职学习时间 A_6	研发产出强度 A_{15}	交流能力 A_{23}
	人均培训支出 A_7	新品开发能力 A_{16}	争端解决能力 A_{24}
	参加培训人员比例 A_8	技术收入占比 A_{17}	
	人均年培训时间 A_9		

教育水平反映了人力资本的基本素质,包括学校正规教育、职业教育和培训。正规教育主要通过学校学习形成知识,是 HTVIC 人力资本形成前就存在的个体人力资本水平或取得的资格;职业教育和培训是个体人力资本在工作中形成的,或是通过职业生涯积累的,或是通过培训获得的他人的知识和经验,并聚集到 HTVIC 的整体层面。教育水平的衡量指标有人均受教育年限、人均教育费用投入强度、大学学历以上人员占比、平均外语水平、平均计算机水平、平均在职学习时间、人均培训支出、参加培训人员比例和人均年培训时间。

能力水平反映了人力资本的知识经验在价值创造与提取活动中表现出来的能力,是对知识和经验的运用结果,包括创新能力、专业能力和沟通协调能力。创新能力能带来基础知识和应用知识的增加,主要通过与 R&D 研发有关的各项指标来反映,包括 R&D 人员比例、平均研发能力、R&D 投入强度、研发课题或项目数、研发项目经费、研发产出强度、新品开发能力和技术收入占比。专业能力包括与 HTVIC 产业相关的专业人才所具备的能力,衡量指标为专业技术人员数量、中级职称以上人员比例、工程师数量占比、高管人员比例和企业家能力。沟通协调能力主要指交流能力和争端解决能力,既包括 HTVIC 中具有管理或协调职能的人力资本所具有的关系交流和矛盾解决能力,也包括专业人员的学术交流及问题解决能力。

(2)HTVIC 组织资本增值指标。HTVIC 组织资本是成员知识资本相互协同的组织结构和制度、知识产权、信息基础设施以及文化等,是最能够反映 HTVIC 特征的知识资本要素,其增值能力表现在通过自身的完善和优化,为 HTVIC 人力资本增值作用的发挥提供内部环境和保障,对其衡量可以从制度结构水平、知识产权水平、信息设施水平和文化水平四个方面展开,见表 5-2。

表 5-2　HTVIC 组织资本增值指标

	制度结构水平	知识产权水平	信息设施水平	文化水平
HTVIC 组织资本增值指标	组织结构完善程度 A_{25}	知识产权申请量 A_{31}	平台投入强度 A_{39}	文化协调度 A_{44}
	日常运营流程 A_{26}	知识产权授权量 A_{32}	平台使用频度 A_{40}	文化对创新支持度 A_{45}
	成果转化制度 A_{27}	科技论文发表量 A_{33}（SCI\EI\CPCI-S）	信息传递效率 A_{41}	
	人力资本激励制度 A_{28}	驰名商标品牌数量 A_{34}	平台功能的完善与系统稳定度 A_{42}	
	跨区域协调制度 A_{29}	科技计划项目数量 A_{35}	云计算应用水平 A_{43}	
	中观层面监管制度 A_{30}	知识产权维权费用比率 A_{36}		
		知识产权交易数量 A_{37}		
		技术获取、吸收或改造费用 A_{38}		

制度结构水平主要反映 HTVIC 的组织结构和制度对增值的贡献能力,体现了 HTVIC 成员的组织接近以区别于传统集群的地域接近,通常由以下指标来衡量:组织结构完善程度,反映了从 HTVIC 整体视角建立的以平台为中心的组织结构是否有利于增值;制度完善程度,反映了为实现增值而设计的 HTVIC 的日常管理及促进 HTVIC 知识资本增值的各项制度是否先进和合理,具体又包含日常运营流程、成果转化制度、人力资本激励制度、跨区域协调制度和中观层面监管制度。

知识产权水平主要反映 HTVIC 形成知识产权的能力及对知识产权的投入和运营情况。知识产权代表了核心竞争优势和未来的获利能力,是高技术产业的重要创新结果,通常用以下指标衡量:知识产权申请量、知识产权授权量、科技论文发表量、驰名商标品牌数量、科技计划项目数量、知识产权维权费用比率、知识产权交易数量和技术获取、吸收或改造费用。

信息设施水平主要反映了IT设施的投入及应用情况。对于HTVIC来说,基于云计算三层结构建立的HTVIC综合平台是HTVIC知识资本增值的组织中心,担负着信息发布、成员关系协调、决策支持和公平监管的任务,是成员相互协同的重要工具,充分体现了HTVIC对平台的依赖程度。信息设施水平的高低将直接影响HTVIC知识资本增值的实现,平台的投入、使用、完善性、稳定性及云计算技术的使用是重要的考虑因素,通常的衡量指标为:平台投入强度、平台使用频度、信息传递效率、平台功能的完善与系统稳定度和云计算应用水平。

文化水平主要反映了HTVIC知识资本的跨区域发展和传统集群的文化根植的协同关系。同一文化会产生对人力资本的凝聚力而减少冲突,而多样性又会促使人力资本形成创新的多样性,因此,对文化水平的衡量指标为:文化协调度、文化对创新支持度。

(3)HTVIC关系资本增值指标。HTVIC关系资本是HTVIC成员在知识资本协同增值过程中形成的各种可以产生价值的关系,主要是HTVIC成员间的合作关系以及HTVIC成员和外部顾客的关系,其增值能力主要表现在内部合作水平和外部合作水平两方面,见表5-3。

内部合作水平主要由HTVIC成员之间的合作来体现,包括高技术企业之间的合作、企业和机构之间的合作、人员之间的合作,集中反映了HTVIC内部的产学研合作水平与虚拟企业发展水平,以及服务机构、政府和产业协会的作用,主要衡量指标为:项目合作成功率、产学研项目比例、虚拟企业产值占比、专业服务机构比率、政府支持度、产业协会效力、成员间关系强度、高层人员会晤比率、专业人员会晤比率、知识转移渠道。

表 5-3　HTVIC 关系资本增值指标

	内部合作水平	外部合作水平
HTVIC 关系资本增值指标	项目合作成功率 A_{46}	与顾客的平均合作年限 A_{56}
	产学研项目比例 A_{47}	新顾客的开发能力 A_{57}
	虚拟企业产值占比 A_{48}	旧顾客的维护费用比率 A_{58}
	专业服务机构比例 A_{49}	网络渠道有效性（网络顾客比率）A_{59}
	政府支持度 A_{50}	顾客参与创新意愿 A_{60}
	产业协会效力 A_{51}	
	成员间关系强度 A_{52}	
	高层人员会晤比率 A_{53}	
	专业人员会晤比率 A_{54}	
	知识转移渠道 A_{55}	

外部合作水平主要指 HTVIC 作为整体与外部顾客的关系。良好的顾客关系将直接获得销售收益或创新思想,通过以下指标来衡量:与顾客的平均合作年限、新顾客的开发能力、旧顾客的维护费用比率、网络渠道有效性和顾客参与创新意愿。

3. 指标测度

由于我国还没有建立知识资本报告制度,而且也不存在 HTVIC 整体意义的知识资本数据,因此上述指标一部分可以通过统计数据加总计算得到(第一类指标数据),而另一部分则需要设计调查问卷,由相关人士或专家给定。本书采用李克特量表对难以获取统计数据的指标进行测度(第二类指标数据)。

(1)第一类指标数据测度。根据统计年鉴及网上公开资料,可以对指标进行测度。

①HTVIC 人力资本增值的统计测度指标。

A_3 大学学历以上人员占比:反映了 HTVIC 人力资本的基本受教育情况,计算公式:大学学历以上总人数/从业总人数。

第5章 HTVIC知识资本价值评估机制

A_{10} R&D 人员比例:反映了进行研发相关活动的人员投入情况,计算公式:R&D 人员总数/从业总人数。

A_{12} R&D 投入强度:反映了进行研发相关活动的经费投入对销售收入的占比,计算公式:研发经费支出/销售收入。

A_{13} 研发课题或项目数:反映了获得国家或地方资金支持的课题或项目数量,其值可由统计资料直接获得。

A_{14} 研发项目经费:反映了研发项目的经费投入情况,其值可由统计资料直接获得。

A_{15} 研发产出强度:反映了单位研发人员的价值产出能力,计算公式:总产值/R&D 人员总数。

A_{16} 新品开发能力:反映了研发人员所具备的开发新产品的能力,计算公式:新品开发经费支出/新品开发项目数。

A_{18} 专业技术人员数量:反映了具有专业技术水平的人员情况,其值为平均万名职工中专业人员数量。

②HTVIC 组织资本增值的统计测度指标。

A_{31} 知识产权申请量:反映了年知识产权申请数量,其值可由统计资料直接获得。

A_{32} 知识产权授权量:反映了年知识产权的授予数量,其值可由统计资料直接获得。

A_{33} 科技论文发表量(SCI\EI\CPCI-S):反映了国外主要检索工具收录的科技论文数,其值可由统计资料直接获得。

A_{38} 技术获取、吸收或改造费用:表明在技术获取、吸收和改造上的成本投入情况,其值可由统计资料直接获得。

(2)第二类指标数据测度。李克特量表是一种应用比较广泛的量表,简单易操作且比其他量表信度更高。通常用陈述语句对所测问题设置题项,并按5点式进行打分,有利题项从非常不同意、不同意、不确定、同意到非常同意分别赋予分值1、2、3、4、5,不利题项打分则相反。采用李克特量表进行数据测度,关键是要设置题项。针对相关指标,本书设置了以下三类题项。

①HTVIC人力资本增值的李克特量表测度指标。

A_1人均受教育年限:反映了HTVIC所有人员的平均受教育年限,量表测度题项:员工大都完成大学以上学历教育。

A_2人均教育费用投入强度:反映了HTVIC所有人员的平均教育费用投入情况,量表测试题项:员工教育费用投入占个人收入比率非常高。

A_4平均外语水平:反映了HTVIC人员的平均专业外语能力,量表测度题项:员工具有非常高的专业外语能力。

A_5平均计算机水平:反映了HTVIC人员对计算机的操作和应用能力,量表测度题项:员工具有非常高的计算机网络应用和软件开发能力。

A_6平均在职学习时间:反映了HTVIC人员进行在职学习的时间投入情况,量表测度题项:员工投入非常多时间进行在职学习。

A_7人均培训支出:反映了HTVIC人员参与各种培训的平均费用支出情况,量表测度题项:员工培训支出对总收入占比非常高。

A_8参加培训人员比例:反映了HTVIC中参与培训的人员数量,量表测度题项:员工参加培训的比例非常高。

A_9人均年培训时间:反映了HTVIC人员的平均年培训时间投入情况,量表测度题项:员工人均培训时间非常长。

A_{11}平均研发能力:反映了HTVIC新品研发的周期,量表测度题项:与同行相比,新品研发的周期非常短。

A_{17}技术收入占比:反映了技术为HTVIC带来的价值情况,量表测度题项:技术收入对总收入的占比非常高。

A_{19}中级职称以上人员比例:反映了获得中级以上职称的HTVIC专业技术人员数量,量表测度题项:中级职称以上人员对从业人员占比非常高。

A_{20}工程师数量占比:反映了HTVIC中具有工程师资格的人员情况,量表测度题项:具有工程师职称的人员占比非常高。

A_{21}高管人员比例:反映了HTVIC中高级管理人员的情况,量表测度题项:担任重要职务的高级管理人员占比非常高。

A_{22} 企业家能力:反映了 HTVIC 中的企业家发现机会和创新变革的能力水平,量表测度题项:企业家具有远见卓识或开拓创新、敢于变革的能力。

A_{23} 交流能力:反映了 HTVIC 人员的关系交流和学术交流能力,量表测度题项:相关人员熟练掌握各种交流工具和应用各种交流方式。

A_{24} 争端解决能力:反映了 HTVIC 人员对关系矛盾和学术矛盾的解决能力,量表测度题项:相关人员面对争端能迅速解决或提供可选方案。

②HTVIC 组织资本增值的李克特量表测度指标。

A_{25} 组织结构完善程度:反映了 HTVIC 的组织结构对增值的贡献能力,量表测度题项:组织结构能够有效促进多方协同和知识资本增值。

A_{26} 日常运营流程:反映了 HTVIC 的日常运营制度和流程对增值的贡献能力,量表测度题项:日常运营管理及流程能够有效促进多方协同和知识资本增值。

A_{27} 成果转化制度:反映了 HTVIC 研发成果的产业化制度对增值的贡献能力,量表测度题项:研发成果能有效进行产业化生产。

A_{28} 人力资本激励制度:反映了 HTVIC 人力资本创新激励制度的增值贡献能力,量表测度题项:具有完善的激励制度,能够有效促进人力资本创新。

A_{29} 跨区域协调制度:反映了 HTVIC 跨区域协调制度的增值贡献能力,量表测度题项:对多个区域的生产运营活动能够有效协调。

A_{30} 中观层面监管制度:反映了 HTVIC 政府及集群中观层面监管制度的增值贡献能力,量表测度题项:政府和组织中观层面的管理机构能有效进行监管。

A_{34} 驰名商标品牌数量:反映了 HTVIC 中获得国家或地方认定的商标和品牌的数量,量表测度题项:被认定或认可的驰名商标和品牌数量非常多。

A_{35} 科技计划项目数量:反映了 HTVIC 中申请立项被批准的项目数

量,这些项目既包括成员独立申请项目,也包括不同成员的合作申请项目,是获得批准的所有成员的项目数量总和,量表测度题项:列入国家科技计划项目和地方科技计划项目的项目数量非常多。

A_{36} 知识产权维权费用比率:反映了 HTVIC 中用于维护知识产权的费用投入情况,量表测度题项:知识产权维权费用占收入比重非常大。

A_{37} 知识产权交易数量:反映了 HTVIC 中投入交易的知识产权数量情况,量表测度题项:与知识产权相关的交易数量非常多。

A_{39} 平台投入强度:反映了 HTVIC 对综合平台的投入及维护情况,量表测度题项:用于平台建设和维护的资金比重非常大。

A_{40} 平台使用频度:反映了 HTVIC 对综合平台的使用情况,量表测度题项:平台被广泛使用在生产经营的各项活动中。

A_{41} 信息传递效率:反映了 HTVIC 中信息传递的通畅程度,量表测度题项:信息传递渠道通畅,可以迅速获得有效信息。

A_{42} 平台功能的完善与系统稳定度:反映了 HTVIC 综合平台对日常运营的支撑能力,量表测度题项:平台具有丰富功能和非常强的技术稳定性。

A_{43} 云计算应用水平:反映了 HTVIC 平台对云计算技术的应用情况,量表测度题项:非常多地使用云计算相关技术和应用。

A_{44} 文化协调度:反映了不同区域文化的协调水平,量表测度题项:不同的区域文化具有非常强的协调性。

A_{45} 文化对创新支持度:反映了不同区域文化对创新生成的支持能力,量表测度题项:不同文化促进了多样性创新的产生。

③HTVIC 关系资本增值的李克特量表测度指标。

A_{46} 项目合作成功率:反映了 HTVIC 内合作成功的项目比例,量表测度题项:成功合作的项目数占总项目数的比例非常高。

A_{47} 产学研项目比例:反映了 HTVIC 中产学研项目比例,量表测度题项:产学研项目数占总项目数的比例非常高。

A_{48} 虚拟企业产值占比:反映了 HTVIC 中虚拟企业产生的价值贡

献,量表测度题项:虚拟企业的产值占总产值的比重非常高。

A_{49}专业服务机构比率:反映了HTVIC中服务机构提供的专业服务能力,量表测度题项:具有专业水平的服务机构占成员总数的比例非常高。

A_{50}政府支持度:反映了HTVIC中政府参与运作的程度,量表测度题项:政府能够积极制定各种有效的政策制度。

A_{51}产业协会效力:反映了HTVIC产业协会对HTVIC的作用发挥水平,量表测度题项:产业协会充分发挥了对产业发展的监管促进作用。

A_{52}成员间关系强度:反映了HTVIC成员的相互联系频度,量表测度题项:成员间具有非常高的联系频度。

A_{53}高层人员会晤比率:反映了HTVIC高层人员的交往程度,量表测度题项:高层人员频繁会晤商讨共同问题。

A_{54}专业人员会晤比率:反映了HTVIC专业人员共同解决问题的能力,量表测度题项:专业人员经常性会面以解决技术难题和推进技术转移。

A_{55}知识转移渠道:反映了HTVIC成员关系对知识转移的作用,量表测度题项:成员间相互联系对知识转移起到非常好的支持作用。

A_{56}与顾客的平均合作年限:反映了HTVIC外部顾客的稳定程度,量表测度题项:与顾客的平均合作年限超过五年。

A_{57}新顾客的开发能力:反映了HTVIC吸引新顾客的能力,量表测度题项:年新增顾客人数对总顾客人数的占比非常高。

A_{58}旧顾客的维护费用比率:反映了HTVIC投入顾客维护的费用支出,量表测度题项:用于维系与旧顾客关系的费用对总关系成本的占比非常高。

A_{59}网络渠道有效性(网络顾客比率):反映了通过网络实现的HTVIC与顾客的联系程度,量表测度题项:顾客通过网络实现成功购买的比率非常高。

A_{60}顾客参与创新意愿:反映了HTVIC顾客对于创新的贡献作用,

量表测度题项:顾客友好地对创新提出建议的数量非常多。

5.3.2 初始指标确定

1. 粗糙集进行属性约简的适用性分析

粗糙集理论是波兰数学家 Zpawlak 在 1982 年提出的,主要处理不确定和不精确问题。对于粗糙集含义的理解,主要有以下三个方面:从研究对象来看,粗糙集能够处理不确定问题;从研究方法来看,粗糙集定义了不可分辨关系、上下近似等概念来描述问题的不确定性和含糊性;从数据处理来看,粗糙集根据离散数据考虑等价类的变化与否来进行对象分类。粗糙集的优势主要在于:粗糙集在数据处理时不需要外部知识,通过计算数据自身的相互依赖关系来最大限度地消除冗余,进行属性约简,充分显示了数据处理的客观性。

因此,粗糙集用于 HTVIC 知识资本增值评估指标约简具有适用性,主要表现在以下两个方面:处理不确定问题和指标筛选的客观性。

(1)粗糙集善于处理不确定问题。不确定有四种内涵:元素不确定、结构不确定、边界不确定和行为不确定。管理意义上的不确定还包括环境和风险的不确定,因此系统行为产生的结果的概率不可以准确预知。HTVIC 知识资本增值是典型的不确定系统:HTVIC 成员可以随时加入和退出 HTVIC,使得 HTVIC 知识资本增值的成员主体和系统边界具有不确定性;HTVIC 成员主体根据自己的利益追求与其他成员进行竞争合作,形成的关系结构具有不确定性;HTVIC 的成员主体以知识资本要素的形式进行价值活动,不同个体的运行行为具有不确定性。同时,从管理角度看,HTVIC 知识资本增值面对的环境具有动态性,充满风险和不可预知性。由于以上的不确定,在进行评估时,相关数据不可能全部准确获得,因此,HTVIC 知识资本增值正符合粗糙集的研究范围。

(2)粗糙集进行指标筛选的客观性。指标体系在初步确立时,需要考虑全面性,因此容易产生指标间的关联和重复,这就需要根据一定的方法进行筛选,从而保证指标体系的科学性,也就保证了评估结果的可信性。

常用的指标筛选方法有统计分析法、层次分析法和模糊评价法等,统计分析的方法如主成分分析、回归分析等,虽客观,但需要大量样本,进行大量的数据计算,而层次分析法和模糊评价法在进行指标筛选时又太过主观。为了客观地给出 HTVIC 知识资本增值的评估结果,需要采用较为客观的指标筛选方法,粗糙集属性约简正是这样的客观性方法。

粗糙集对于指标的筛选是基于指标数据值而进行的,对样本没有严格要求,当数据反映出某指标在删除后不影响等价类的划分时,则为冗余指标,否则为必要指标,进一步考虑指标的重要度时,可以根据指标值计算重要度进行排序,从而删减不重要的指标。粗糙集的方法不受人为因素的干扰,不仅表现出了科学性,而且又具有操作性,可以给出不改变评价结果的最小知识表达,即简化的指标体系,成为 HTVIC 知识资本增值评估时指标筛选的最佳方法。

2. 粗糙集决策表建立

在粗糙集中,知识被认为是一种分类能力,决策表是粗糙集的重要知识表达形式,设知识表达系统 $T=(U,C,V,G)$,U 称为论域或对象集,是一组非空有限集合,在 HTVIC 知识资本增值评估中即指评估对象 $U=\{U_1,U_2,\cdots,U_m\}$;C 表示属性集合,一般又包含条件属性 $A(A\neq\phi)$ 和决策属性 D,有 $A\cup D=C$ 且 $A\cap D=\phi$,条件属性 A 是 HTVIC 知识资本增值的评估指标体系,其取值表示为 $A_{ij}(i=1,2,\cdots,m;j=1,2,\cdots,n)$,决策属性 D 是增值评估的结果,用 $D_e(e=1,2,\cdots,m)$ 来表示;V 是属性的值域,$V=\bigcup_{c\in C}V_c$,V_c 是属性 c 的值;G 是 U 和 C 的信息函数集,$G:U\times C\to V$,那么粗糙集的决策表就表示为 $T=\{U,A\cup D,V,G\}$。

为采用粗糙集理论进行属性约简和权重设定,决策表的建立需要注意三个问题:条件属性和决策属性的关系;数据获取途径;数据预处理方式。

(1)条件属性和决策属性的关系。条件属性 A 是粗糙集的必要属性,根据条件属性取值 A_{ij} 可以确认不同的等价关系 R,从而形成论域对象的分类。如果决策属性 $D \neq \phi$，可以得到条件属性到决策属性的推理规则 $A \rightarrow D$，这里又包含两种情况，一种是不相容，一种是相容。当存在两个对象 U_a 和 U_b 且 $a \neq b$ 时，有 $G(X_{U_a}, A) = G(X_{U_b}, A)$ 但 $G(X_{U_a}, D) \neq G(X_{U_b}, D)$，则称为不相容，否则为相容。如果决策属性 $D = \phi$，简单的处理办法是假设此知识表达系统为相容系统，则当所有条件属性相同时，决策属性亦相同，那么 HTVIC 知识资本增值评估系统是一个决策属性未知的系统，需要通过已知指标值计算评估结果，因此假设为相容系统，即所有指标属性值相同的评估对象其决策属性值也相同。

（2）数据获取途径。决策表中的属性值有定量的，也有定性的：定量数据来自各种报表、统计和公开信息，以及根据指标测度进行的相应计算，而且需要根据粗糙集的数据要求进行相应处理；而定性数据主要来自于专家打分或抽样调查，需要提前给出打分标准，设计调查问卷。粗糙集的优势之一是不需要除数据外的额外经验及知识，仅通过对数据的处理从而显示客观性，这里就涉及客观性的程度。粗糙集的客观性是相对于其他评估方法而言的：为了获取数据进行的打分和调查问卷等仍具有人的参与，人的偏好和经验具有主观性，从主观出发进行的数据打分，是所有评估方法都可能用到的，但经过定性到定量转化后的数据，进入用粗糙集方法进行评估的环节时，不再受主观的影响，而且其处理过程可以最大限度地避免数据获取时的主观性影响，因此粗糙集相较于其他方法更为客观。

（3）数据预处理方式。通过不同途径获取的数据，还不能直接用于粗糙集的属性约简，需要根据不同的情况对数据进行预处理，主要是对连续数据的离散化，这是粗糙集对于数据处理的基本要求。

连续数据离散化的基本思想是设置断点，利用断点对指标属性值域进行划分，使处于同一区域的指标具有相同的评估结果。数据离散化后更易于根据不可分辨关系进行分类，提高数据处理的效率和质量。

基于信息熵的离散化方法是比较经典的方法。信息熵反映了信息源的平均信息量，按照 Shannon 对信息熵的定义，信息熵即是任意信息 Z

第5章 HTVIC知识资本价值评估机制

的数学期望,通常表示为

$$H(Z) = E[-\log P(Z)] = -\sum_{l=1}^{m} P(Z_l)\log P(Z_l) \quad (5-1)$$

其中 $P(Z_l)$ 为事件 Z_l 发生概率,记为 $P(Z_l) = \dfrac{|Z_l|}{|U_l|}$,$|Z_l|$ 表示事件 Z_l 的基数(个数),$|U_l| = \sum_{l=1}^{m}|Z_l|$。

利用信息熵对连续数据进行离散,需要设置断点,假设需要离散的指标 j 的取值区间为 $[I_\alpha, I_\beta]$,对 j 指标的取值排序有 $I_\alpha = I_1 < I_2 < \cdots < I_m = I_\beta$,令候选断点为 I_c,即

$$I_c = (I_{\vartheta-1} + I_\vartheta)/2; (\vartheta = 1,2,\cdots,m) \quad (5-2)$$

则 I_c 把区间 $[I_\alpha, I_\beta]$ 分为两个区域,表示为集合 $\pi = \{I_1, I_2, \cdots, I_c\}$ 和集合 $\psi = \{I_{c+1}, I_{c+2}, \cdots, I_m\}$,有

$$H(\pi) = -\sum_{l=1}^{c} P(\pi_l)\log P(\pi_l) \quad (5-3)$$

$$H(\psi) = -\sum_{l=c+1}^{m} P(\psi_l)\log P(\psi_l) \quad (5-4)$$

因此,定义断点 I_c 针对集合 $W = \{I_1, I_2, \cdots, I_m\}$ 的信息熵为

$$H(W, I_c) = \dfrac{|\pi|}{|U|}H(\pi) + \dfrac{|\psi|}{|U|}H(\psi) \quad (5-5)$$

信息熵确定断点进行数据离散的思想是:从候选断点集合中新增断点到断点集合,递归计算信息熵,当信息熵不再增大时,获得最佳断点,从而对连续数据进行离散。

这种方法的思想虽好,但根据任意断点递归的计算信息熵不容易操作,所以,我们借鉴其思想,提出一种简洁的数据离散方法。

假设需要离散的指标 j 的取值区间为 $[\hat{I}_\alpha, \hat{I}_\beta]$,对 j 指标的取值排序有 $\hat{I}_\alpha = I_1 < I_2 < \cdots < I_m = \hat{I}_\beta$,令候选断点为 $\hat{I}_c$,即

$$\hat{I}_c = (\hat{I}_\alpha + \hat{I}_\beta)/2 \quad (5-6)$$

则 $\hat{I}_c$ 把区间 $[\hat{I}_\alpha, \hat{I}_\beta]$ 分为两个区域，表示为集合 $\hat{\pi} = \{I_1, I_2, \cdots, \hat{I}_c\}$ 和集合 $\hat{\psi} = \{I_{c+1}, I_{c+2}, \cdots, \hat{I}_\beta\}$。

根据评估的要求和标准，考虑在新形成的区间上递归进行上述运算，获得所选断点。其思想主要是借助信息熵的断点划分和递归计算方法，但候选断点的产生不是任意相邻区间的中间值，而是取值范围的中间值，如此递归运算，会产生符合评估等级结果所需的断点及区间，从而对连续性指标进行离散。

3. 评估指标约简

粗糙集用于指标属性约简时，有如下定义。

定义 1 等价关系和不可分辨关系：粗糙集决策表 $T = \{U, A \cup D, V, G\}$ 上的二元关系组 R，如果满足自反、对称和传递性，则 R 是等价关系。对于任意对象 $x_\mu \in U, x_v \in U$，定义由 R 确定的不可分辨关系为 $\mathrm{IND}(R)$，有

$$\mathrm{IND}(R) = \{(x_\mu, x_v) \in U \times U \mid \forall r \in R, r(x_\mu) = r(x_v)\} \tag{5-7}$$

$\mathrm{IND}(R)$ 也就是一种等价关系，且 $\mathrm{IND}(R) = \bigcap_{r \in R} \mathrm{IND}(r)$。设属性子集 $B \subseteq C$，上式又可以写成等价关系，如下

$$R_B = \{(x_\mu, x_v) \in U \times U \mid \forall c \in B, G(x_\mu, c) = G(x_v, c)\} \tag{5-8}$$

在 HTVIC 知识资本增值的决策表中，单个或多个指标属性或决策属性可以看作一组等价关系，根据等价关系 R_B 可以对评估对象进行划分形成等价类，记为 $\dfrac{U}{R_B} = \{[x]_B \mid x \in U\}$，简单记为 $\dfrac{U}{B}$。

定义 2 上下近似和正、负域：上下近似集是用来对不确定的粗糙集进行逼近的准确集，存在任意等价类 $X \subseteq U$ 时，定义等价关系 R 关于 X 的下近似为 $\underline{R}(X)$，上近似为 $\overline{R}(X)$，有

$$\underline{R}(X) = \{x \in U | [x]_R \subseteq X\} \qquad (5-9)$$

$$\overline{R}(X) = \{x \in U | [x]_R \cap X \neq \varnothing\} \qquad (5-10)$$

上近似表示包含 X 的最小可定义集,是 U 中根据 R 不能确定归入 X 的对象集合;下近似表示包含于 X 的最大可定义集,是 U 中根据 R 一定能归入 X 的对象集合。上近似与下近似的差值为 X 的 R 边界域,记为 $\text{BND}_R(X) = \overline{R}(X) - \underline{R}(X)$,当 $\underline{R}(X) = \overline{R}(X)$,粗糙集转化为精确集。

下近似又被称为正域,记为 $\text{POS}_R(X) = \underline{R}(X)$,表示 X 对 R 的正域,而 U 与上近似的差值为负域,记为 $\text{NEG}_R(X) = U - \overline{R}(X)$。当存在两个子集 K 和 Q 时,有 $K \subseteq A, Q \subseteq D$,则 Q 的 K 正域记作 $\text{POS}_K(Q)$,表示这两个子集的关系。

定义 3 依赖度和重要性:为反映指标属性 K 对评价对象分类的正确反映程度,定义依赖度为 γ_K,有

$$\gamma_K(Q) = \frac{|\text{POS}_K(Q)|}{|U|} \qquad (5-11)$$

$\gamma_K(Q)$ 表明决策属性 Q 是 γ_K 度依赖于条件属性 K:当 $\gamma_K = 1$ 时,说明评价对象的分类完全依赖于指标体系 K,当 $0 < \gamma_K < 1$ 时,说明评价对象的分类部分依赖于指标体系 K,即存在冗余指标;当 $\gamma_K = 0$ 时,说明评价对象的分类与指标体系 K 独立,即分类不正确。

当移除某个指标 $k \in K$ 时,根据依赖度的大小变化可以判定指标的重要性,定义重要度 $S_{ig}(k, K)$,有

$$S_{ig}(k, K) = \gamma_K - \gamma_{K-\{k\}} \qquad (5-12)$$

根据以上定义,基于依赖度和属性重要度进行 N 个指标约简,主要是考虑决策属性形成的等价类对条件属性形成的等价类的依赖程度。依赖度的变化说明了属性的重要度,依赖度变化越大,说明属性越重要,根据重要性排序可以约简那些对决策属性没有重要影响的指标。

这种约简方式虽然遵循了粗糙集基本属性约简原理,即存在任意

$r_j \in R$,当 $\text{IND}(R) = \text{IND}(R - \{r_j\})$,则属性 r_j 是冗余的,可以约简,否则是必要的,不可以约简,但是仍存在不同,主要表现在以下几个方面:把逐一去掉某属性来判定不可分辨关系是否改变,换成了考虑决策属性对于条件属性的依赖关系是否改变;依赖度和重要度用于属性约简,而不是约简后通过一致化处理来获得权重;能够利用启发式算法进行快速约简,适宜处理复杂指标的约简问题。

基于依赖度和属性重要度的粗糙集指标约简启发式算法步骤如下。

(1)对评价对象划分等价类。根据指标与评价结果的关系,把对应指标值相同的对象归为一个等价类。

(2)计算指标的依赖度和重要性。计算各等价类的正域,获得评价结果对于指标体系的依赖度,再逐一去掉指标,考虑依赖度的变化,从而计算指标的重要度。

(3)依据启发式算法获得约简指标体系。首先,根据重要度对指标进行排序,依次选取重要度大的指标加入候选指标集合,直到构造指标集的依赖度和考虑全部指标的依赖度相同为止。然后,逐一去掉每个指标,考虑依赖度是否发生重大变化,如果有变化,则该指标为必要指标,如果依赖度无变化,说明该指标为冗余指标,可以约简,由此进行指标筛选。

5.3.3 评估指标更新制度

基于粗糙集属性重要度的指标约简可以获得最优评估指标,有助于完成评估活动,但随着 HTVIC 具体评估要求的不同和所处阶段的不同,HTVIC 评估指标还需要进行更新。

1. 以评估要求为导向的更新

评估要求有三类:对同一阶段的不同 HTVIC 进行比较;对同一阶段 HTVIC 的不同时间段进行比较;对不同阶段的 HTVIC 的纵向评估。均处于同一阶段时,由于 HTVIC 的不同类型,其评估指标的增值贡献可能也存在不同,此时同样需要根据类型进行问卷发放和指标约简;而对同一阶段的不同时间段进行比较时,发放的调查问卷要充分体现时间差别;对于不同阶段的HTVIC进行评估时,要以发展阶段为导向进行指标更新。

2. 以发展阶段为导向的更新

HTVIC具有不同的发展阶段,处于不同阶段的具体指标对HTVIC增值效果的贡献是不同的,通过调查问卷获得的指标数据能够最为准确地反映该调查阶段的指标相互关系及价值贡献,用于评价该阶段的增值效果,是客观和科学的,但如果用此阶段数据约简指标,进行跨阶段的增值评估,则不能反映客观事实。因此,当跨越HTVIC的发展阶段进行增值评估时,应在初始指标的基础上,重新发放问卷并进行约简,从而获得该阶段的评估指标。分阶段进行考虑,主要是因为指标约简根据调查问卷的数据进行,而不同调查阶段的某具体指标的变动可能会对约简结果产生影响。

5.4 HTVIC知识资本价值评估的方法管理机制

5.4.1 评估方法选择

在确定评估指标体系之后,需要选择适当的方法确定权重和进行增值的综合评估。

1. 粗糙集确定权重的适用性分析

在指标体系经过筛选最终确立后,还需要确定指标权重。权重反映了不同指标对于评价结果影响的重要程度,通常确立权重的方法有主观赋权法、客观赋权法和组合赋权法。

主观赋权法主要有层次分析法、模糊评价法等,较强地体现了评价者对于评价对象某个指标的偏爱程度,但同样也太过主观,使评估结果严重受到评价者偏好的影响,缺乏说服力和公平性。

客观赋权法主要是依托数据统计方法,在实际中需要严格的大量数据支持,操作上比较困难而且容易获得片面的结果,难以与评估者的愿望相一致。近年来常用到的神经网络和数据包络方法,也属于一种客观赋权方法,但神经网络需要大量样本的反复训练,当指标体系改变时需要进行重新训练,操作烦琐而且困难;数据包络分析根据投入和产出关系进行评价,但只能得出相对有效和相对无效的结果,难以直接给出权重数值。

组合赋权法较好地结合了主观赋权和客观赋权的优点,但需要大量计算和多种权重方法的综合,特别是主、客观方法权重系数也需要人为给定,偏主观。

而相对于以上方法,粗糙集的权重确定较为客观并具有较强的操作性,可以根据指标数据值的内部关系和规律,从指标对于评价结果的关系角度给出不同指标的权重,是一种理想的处理复杂指标体系的客观方法。

2. 灰色白化权评价的适用性分析

灰色理论是由我国邓聚龙教授于20世纪80年代提出的,主要研究对象为少数据或贫信息及信息不确定的系统,也称之为灰色系统。灰色系统的信息不完全包括元素信息、结构信息、边界信息和运行信息等的不完全。灰色理论用于评估主要有灰色关联分析和灰色白化权评估,前者主要讨论要素或指标间的关联关系,由此给出对象的排序;后者主要计算对象的白化权函数和综合聚类系数,从而确定对象所属的分类。

HTVIC知识资本增值的评估主体根据自己的经验参与评估,受到各自偏好的影响,形成指标数值的不确定性、不完全性,这是典型的灰色系统,因此采用灰色评估更符合实际;同时,灰色白化权函数可以反映评估主体的主观偏好,且能结合评估的实际需要进行等级或灰类划分,能够利用部分已知信息,生成不同灰类白化权函数,从而确定对象或指标对于灰类的隶属程度,因此采用灰色白化权评估更科学合理。

3. 粗糙集和灰色评价相结合的优势

粗糙集和灰色评估都是针对不确定系统的,粗糙集能够客观筛选指标和定权,体现的是指标间的客观性关联;而灰色白化评估能根据评估需要和偏好设立白化权函数,进而反映实际问题和经验处理方式,以及主体对评估对象的主观感觉。灰色白化权评估侧重对评估结果进行等级划分,对粗糙集评估进行了有益的补充,两者的结合既表现出了客观性,又遵从一定的主观性,这样的处理使得 HTVIC 知识资本评估既不会过于客观而脱离实际,又不会过于主观而影响评估结果的可信性,更有利于管理活动的开展。

5.4.2 权重确定方法

根据上文指标约简结果,约简后的粗糙集决策表可以记为 $T' = \{U, A' \cup D, V, G\}$,此时属性指标 A 由 N 个减少到 n 个,记为 A',其他不变。决策表实质是一个知识表达系统,粗糙集就是利用知识的颗粒状为主要特征来处理知识的,为描述这种知识的颗粒状,假设存在任意属性集 $R \subseteq A'$,则条件属性 R 对于决策属性 D 的知识粒度记为 $GD(R)$,有

$$GD(R) = \sum_{X_\delta \subseteq \text{POS}_R(D)} \frac{|X_\delta|^2}{|U|^2} \qquad (5-13)$$

其中 X_δ 表示 D 的 R 正域的等价类的对象集,等价类在粒度空间中就被称为知识粒度。知识粒度说明了知识的分类能力,知识粒度越小,分类能力越强,这也正说明了知识的粗糙性。如果有 $\frac{U}{\text{IND}(K)} \subseteq \frac{U}{\text{IND}(Q)}$,说明知识 Q 比知识 K 较粗。

知识粒度可以表明知识的分辨能力,记分辨度为 $\text{DIS}(R)$,有

$$\text{DIS}(R) = 1 - GD(R) \qquad (5-14)$$

考虑增加指标时知识的分辨度提高的程度,提高程度较大,说明增加的指标更重要,假设增加的指标为 τ,则指标 τ 对于指标体系 A' 的重要性为

$$\mathrm{Sig}_\tau(A') = 1 - \frac{|A' \cup \{\tau\}|}{|A'|} \quad (5-15)$$

对上式进行一致化处理,可以得到指标 τ 的权重 ω_τ,有

$$\omega_\tau = \frac{\mathrm{Sig}_\tau(A')}{\sum_{\tau=1}^{n}\mathrm{Sig}_\tau(A')} \quad (5-16)$$

5.4.3 综合评估方法

采用粗糙集和灰色白化权评估给出综合评估结果和分析,将是对 HTVIC 知识资本增值评估的有益尝试。

灰色白化权评估的基本思想是,利用前文粗糙集给出的约简指标原始数据和权重,形成灰色评估数据表,采用灰色白化权函数进行聚类分析,并把评估结果归入适当的灰类,从而提供有益的管理建议。主要步骤有:确定评估灰类,建立灰色白化权函数,计算综合聚类系数和评估结果分析。

1. 确定评估灰类

灰类在评估中反映了不同的等级划分,设 HTVIC 知识资本增值指标经过粗糙集约简后为 $a_j(j=1,2,\cdots,n)$,其取值为相应的样本观测值 $a_{ij}(i=1,2,\cdots m;j=1,2,\cdots,n)$,即灰数 $\otimes(a_{ij}) \in [S_1, S_{q+1}]$,且 $S_1 \leqslant S_{q+1}$;对 HTVIC 知识资本增值水平和指标的取值范围划分为 s 个灰类,如 a_j 的灰类表示为区间 $[S_1,S_2],[S_2,S_3]\cdots[S_{q-1},S_q],[S_q,S_{q+1}]$,不同灰类的阈值根据专家经验和评估需求给出,充分体现评估的主观作用,并对指标取数域延拓,左边界延至 S_0,右边界延至 S_{q+2}。

2. 建立灰色白化权函数

灰色白化权函数反映了灰数对某取值范围即灰类的偏爱程度,也称为隶属程度,由于 HTVIC 知识资本增值指标值可能同时存在越小越好(成本型指标)和越大越好(效益型指标)两种情况,而白化值围绕区间又不容易准确测定,所以采用最为常用的三角白化权函数来表示。

第5章 HTVIC 知识资本价值评估机制

令 $\lambda_j^q = \dfrac{(s_j^q, s_j^{q+1})}{2}$ 表示 j 指标在 q 灰类的白化权函数值为1，将指标值向左右两侧延拓到 S_j^0 和 S_j^{q+2}，连接 $(\lambda_j^q, 1)$ 和 $k-1$ 灰类的起点 S_j^{q-1} 和 $q+1$ 灰类的终点 S_j^{q+2}，得到 HTVIC 知识资本增值的白化权函数 $f_j^q(\cdot)$，其中 $j = 1, 2, \cdots n; q = 1, 2, \cdots s$。当 j 指标处于 q 灰类的任意观测值为 y_j 时，三角白化权函数 $f_j^q(\cdot)$ 可表示如下

$$f_j^q(y_j) = \begin{cases} 0 & y_j \notin [S_j^{q-1}, S_j^{q+2}] \\ \dfrac{y_j - S_j^{q-1}}{\lambda_j^q - S_j^{q-1}} & y_j \in [S_j^{q-1}, \lambda_j^q] \\ \dfrac{S_j^{q+2} - y_j}{S_j^{q+2} - \lambda_j^q} & y_j \in [\lambda_j^q, S_j^{q+2}] \end{cases} \quad (5-17)$$

3. 计算综合聚类系数

灰色白化权函数给出了 j 指标时对象 i 对不同灰类的隶属程度，当考虑对象 i 所有指标时，对象 i 的评估序列为 $\eta_i = (\eta_i^1, \eta_i^2, \cdots \eta_i^q, \cdots, \eta_i^s)$，令综合聚类系数为 $\eta_i^q = \sum\limits_{j=1}^{n} f_j^q(y_{ij}) \cdot \omega_j$，其中 y_{ij} 为 i 对象 j 指标值，ω_j 为通过粗糙集计算的 i 对象 j 指标的综合权重，聚类系数 η_i^q 表明对象 i 属于 q 灰类的程度。

令 $\eta_i^{q^*} = \max\{\eta_i^q\}$，表明对象 i 最大属于 q^* 灰类，并根据 $\eta_i^{q^*}$ 的值确定不同对象的最佳灰类，即给出对象的增值水平的等级，并可通过一致化处理对处于同一等级的不同对象进行排序。

4. 评估结果分析

通过灰色白化权评估的结果主要体现在综合聚类系数上，根据 η_i^q 可以进行三种分析和比较：由 $\eta_i^{q^*}$ 确定不同等级并比较不同等级的指标影响因素；对处于同一等级的不同对象进行比较，根据 η_i^q 的大小对不同对象进行排序，以满足管理需要；针对某一对象研究其各项指标的影响及作用，从而给出改进建议等。

5.4.4 评估方法的动态调适制度

基于粗糙集的属性重要度、知识粒度和灰色白化权相结合进行 HTVIC 知识资本增值评价,能够较好地体现客观与主观的结合,但在具体评价时,还需要根据实际情况进行动态调适,使评估方法与实际情况相匹配。

1. 灰类调整

评估灰类体现了评估主体的需求,根据实际需要,可以采用不同方法进行灰类设置,包括专家直接给出灰类的阈值,或者通过一定标准来计算灰类阈值。虽然灰类具有较强的主观性,但也不是任意给定的,因为不同的 HTVIC 发展阶段和不同的 HTVIC 类型,灰类的阈值可能存在较大的差别,所以在评估过程中要尽量科学地确定灰类,合理调整阈值范围,以适应主体需求和客观现实。

2. 灰色白化权函数调整

灰色白化权函数具有三种类型,如果能够确定某指标的上限值,则该指标宜采用上限白化权函数,表达该指标越大越好;如果能确定某指标的下限值,则该指标宜采用下限白化权函数,表达该指标越小越好;而三角白化权是对上述两种情况的综合,虽简单易操作,但缺乏一定的准确性。因此,在具体评估时,要根据需要确定指标的上限或下限,从而进行针对性计算,对三角白化权值进行调整,以适应实际需求。

5.5 HTVIC 知识资本价值评估的保障机制

HTVIC 知识资本价值评估是由一系列的活动组成的,为推进评估活动的有效进行和实现评估目的,有必要建立 HTVIC 知识资本价值评估的保障机制,主要有以下几个方面。

1. 评估机构负责制

由 HTVIC 管委会确定的评估机构对评估的整个运作过程及结果负

责,包括:负责提供真实准确的评估结果数据,体现客观性、可比性;负责对结果数据进行分析,向 HTVIC 管委会和相关机构提供具有可行性的建议和策略,以推动 HTVIC 知识资本增值制度的完善和优化,促进 HTVIC 知识资本增值优化;负责评估过程的整体运作,涵盖流程修订、评估工作的组织、评估数据的获取和整理、评估指标的确立、评估结果的计算和评估报告的编制。

2. 评估运作监控制

HTVIC 评估机构进行评估活动时,为保证评估活动的客观、公正,HTVIC 管委会及行业协会或第三方中介机构等均可以对其进行监督,甚至 HTVIC 成员也可以参与监督,并向以上三方进行反馈。监控的内容包括流程运作的规范性、数据获取的真实性、数据处理的客观性、指标更新方法的合理性、评价方法调整的合理性和评估报告的有效性。

3. 全面报告制度

HTVIC 评估机构出具的评估报告,应包含运作及结果分析的全部内容。评估报告以正式文本的形式出现,包括两个主要部分:评估运作情况报告及评估结果报告。前者对评估运作的重要内容进行记录和合理性分析,后者主要针对评估结果进行横向和纵向比较分析,并给出合理的政策建议或策略,对 HTVIC 知识资本价值创造机制和提取机制进行选择和优化,以促进 HTVIC 知识资本的有效管理和增值最大化。

4. 报告公开制度

HTVIC 评估报告应适度公开,适度意味着 HTVIC 管委会和相关机构有权获得全部报告内容,同时,其他机构或个人通过权限设置也可以获得报告。另外,HTVIC 知识资本评估报告应经由平台进行公布和接受评审,这充分体现了 HTVIC 对平台的高度依赖性。HTVIC 管委会根据 HTVIC 知识资本增值的需要确定评估周期,HTVIC 评估机构在评估周期结束的一定时限内及时提交评估报告。上述的适度公开、经平台公开和及时公开,保证了评估报告的质量和有效性,最终为 HTVIC 知识资本增值服务。

5.6 本章小结

本章从 HTVIC 知识资本的增值性特征出发,构建了 HTVIC 知识资本价值评估机制。首先,分析了评估的主客体,根据评估的计量方式和流程设计评估机制架构;其次,建立评估的组织机构,利用粗糙集建立评估指标管理机制,将粗糙集和灰色白化权评估相结合,建立评估方法管理机制;最后,给出评估保障机制,以促进评估活动有效进行。

第 6 章 实证研究

6.1 滨海–中关村 ITVIC 背景

天津滨海高新技术产业开发区(以下简称"滨海高新区")成立16年来,主要以发展工业生产为主。按照天津市和科技部的定位,滨海高新区的目标是"成果转化机构的集聚地""最具活力创新机制的基地",用5到10年将滨海高新区建成世界一流的高新区。要实现这样的目标,滨海高新区倍感压力,因为其在成果转化的过程、创新和创业环境方面的差距都很大,所以有必要寻找新的解决思路。2006年,滨海高新区的相关负责人就开始拜访中关村,希望实现两地实质上的对接。滨海高新区希望能借鉴中关村的管理经验、人才资源,甚至请一批中关村企业入驻滨海,在滨海实现其科技成果产业化的南移。

而对于中关村来讲,其在核心区海淀园的"十一五"计划中明确指出,海淀园近年的制度创新不足,改革推动力减弱。2008年,中关村提出《创新突破计划·2008》和《做优做强中关村海淀园》的实施部署,目标是在2015年成为全球研发中心和科技成果发源地。随着"一区多园"模式的发展,中关村企业向外扩展的趋势已经形成,中关村也在寻找机会发展自己。天津相较于其他地区,具有吸引中关村企业迁移过去的优势,已经运作了的京津塘科技新干线起到了很重要的作用。京津塘新干线以北京的中关村和天津技术开发区为两端,便捷的物流和区域间的协调能够促进生产经营活动的高效进行。近年来,中关村也对天津进行了实际的支持,开始了区域间的协调和互动,而且两者之间有很多共同点,互补性也很强。因此,滨海高新区成为中关村园区合作伙伴的最佳选择。

为推动天津滨海高新区和北京中关村两区的对接合作和优势互补，推动京津两地高技术产业的可持续发展，滨海高新区和中关村进行了频繁的互访与互动。

截至2013年7月，滨海高新区已从北京地区吸引优秀科技企业300多家，引进北大（滨海）新一代信息技术研究院、中国工程院中俄工业生态中心等研发机构、创新人才和高端项目；吸引90余项863计划成果到新区转化，与中科院合作吸引126项技术到新区转化；与首都高校合作，吸引清华大学数字电视芯片、紫光测控等项目，与北京交通大学合作开发下一代互联网项目，与北京化工大学共建产学研基地等。

2013年10月，中关村和滨海高新区相互考察，对于实现两个区域的合作具有重要而深远的意义。双方就"协同创新，合作发展"进行交流座谈，明确双方在融合过程中的使命和任务，围绕"创新驱动"开放式合作进行探讨，商定共同探索合作创新机制，建立服务体系和服务平台，推动两地企业双向互动。由此加快推进"天津滨海——中关村科技产业园"的建设，共建创新创业生态系统，使产业集聚、技术转移及扩散效应更为明显，进一步提升产业创新力。

2013年11月，伴随着《滨海新区大数据行动方案（2013－2015）》的正式发布，"中关村－滨海大数据产业技术创新联盟"成立，标志着滨海高新区将集中力量促进大数据领域的研发和产业化，吸引大数据方面的企业、机构和人才的集聚。目前，滨海高新区拥有海量研发资源和一批国家级公共研发平台，具备发展大数据产业的良好基础。借助与中关村的合作，到2015年，滨海高新区将培育大数据服务和应用企业200家，引进10个国家级项目，实施10个典型应用示范工程，在大数据核心技术领域培育10个技术产品。下一步，滨海新区将建立大数据产业示范基地，并出台政策和资金支持，引进中科院和国内外知名大数据企业的研发中心落户，形成国家级数据存储与备份中心和全国数据资源聚集服务区。

除了大数据产业之外,滨海高新区还建立了信息产业园和首都高校科技成果转化中心;筹划建设北大(滨海)新一代信息技术研究院的孵化基地,引进北大校友创业和相关的信息技术企业落户;与国家新闻出版广电总局和中国民用航空局共建国家数字出版基地和国家民航科技产业基地;建立中关村科技企业转移基地;建立信息安全产业园,吸引数据存储、挖掘和安全方面的企业落户。

综上,由滨海-中关村合作的背景,我们可以得出如下结论:

(1)滨海-中关村的合作是由高技术企业、研发机构、科研院所和政府在内的多个组织成员,在跨区域的范围内围绕信息技术进行的创新创业活动,其目的在于发挥两区域优势互补,实现协同和双赢,以解决增强创新和持续发展的问题。因此,滨海-中关村的合作基本符合本书对HTVIC的概念界定。

(2)由于其组成成员分布在不同区域,其核心又是信息产业,跨区域成员进行组织接近,形成虚拟空间集聚,发挥规模效应等集群优势。因此,滨海-中关村的合作符合本书对HTVIC主要特征的分析。由于处于雏形阶段,该合作还未形成对信息综合平台的依赖,随着双方合作的增进,对平台的高度依赖也将成为必然趋势。

(3)滨海-中关村的合作以信息产业为主,又包括了相关产业,成员之间存在相互联系和合作,因此又是信息产业集群。

(4)大数据及其他信息技术产业对知识的依赖度极高,知识资本将对信息产业的增值起到重要作用。

因此,滨海-中关村合作的实质意义是滨海-中关村信息技术虚拟产业集群(ITVIC),本书以此作为实证研究对象,对HTVIC知识资本增值机制的可行性进行验证。

6.2 滨海-中关村ITVIC价值创造机制

6.2.1 ITVIC知识资本存量形成机制

1. 成员层知识资本存量形成

滨海-中关村ITVIC的成员由于受到大环境的影响和刺激,为促进自身竞争实力的增强,产生了知识获取、知识整合和知识应用的反应行为,从而形成成员层知识资本存量。

(1)知识获取。滨海处于ITVIC的知识势差的低端,所以知识获取以滨海高新区的成员为主,主要为两种。其一,滨海高新区借力中关村丰富的智力资源:北大、清华以及中科院等科研机构可以提供人才和技术支持,中关村管理机构也可以提供管理模式和经验;滨海为自己树立的目标之一是成为科研成果转化中心,不仅要吸引项目进行产业化,还要引进相关人才,带来人才的流动,产学研在这里得到极好的体现;中关村的知识产权也可以通过出售或其他转让方式输出给滨海,无论是技术知识还是管理知识,都可以有效获取。其二,为发展相关产业,滨海-中关村ITVIC还要建立一些培养机构,对专门人才,比如大数据人才进行培养和开发,从而通过拥有相关人才而进行知识获取。这充分体现了交易方式、非正式方式和组织合作方式的相互融合。

(2)知识整合。知识整合的实质是对知识进行转化和发酵,目的是知识的有序化和知识存量的增加。转化强调成员外部知识和内部知识、显性知识和隐性知识的相互影响,从而改变知识形态,并通过一定手段进行发酵而产生新的知识存量。ITVIC中的显性知识主要是指知识产权、项目等科研成果,而隐性知识主要是指个人的经验和技能,特别是创新能力和协调能力等。滨海高新区通过与中关村的高校和科研院所合作,甚至和一些企业的研发中心进行合作,建立产业基地进行产业化,把外部知识引入到滨海内部,形成知识母体,并在此基础上加大相关产业的政策制定和人才培养的支持力度,提供知识发酵所需的知识酶,开发有效的信息平台、专家系统等发酵工具,并对内外环境的作用进行反馈,以实现知识的整合创新。

(3)知识应用。成员对知识的应用以实现知识的创新,主要表现在组织资本知识和关系资本知识的形成,这又是人力资本对知识运用的结果。ITVIC 的大学和科研机构为企业输入人力资本,经由企业环境的作用,形成了企业内部的、不随人力资本而移动的、能够促进人力资本发挥作用并带来价值的组织资本和关系资本。

2. 集群层知识资本存量形成

ITVIC 的成员创新相互作用和影响,形成 ITVIC 集群层面的创新。中关村的高科技企业和科研机构、大学向滨海进行产业转移和溢出,围绕滨海自身的八大支柱产业和支柱项目,进行科技合作和成果转化,并在滨海高新区重点发展新一代信息技术,已经形成高端产业发展格局,涉及云计算、物联网、电子商务、生命科学和高端制造业等,实现更多的科研知识和产业知识的对接,推进产业化纵深发展;同时,为推动合作,双方共议合作机制和平台的建设,这些形成了 ITVIC 集群层面的知识资本,也充分体现了知识共享和知识成果转化的重要性。

6.2.2　ITVIC 知识资本存量增加机制

1. 基于关系强度和创新方式的存量增加

主要表现在以下三个方面。

(1)关系强度主要表现为 ITVIC 成员间的联系强度,也反映了组织的接近程度。滨海积极引进中关村的部分企业和研发机构,与北大、清华等院校积极开展产学研合作,滨海和中关村相互频繁考察等,必然增强 ITVIC 成员之间的关系强度,这种相互联系带来更多的人才、技术和观念的交流,从而刺激更多创新产生,提升了知识资本存量。

(2)渐进性创新和突变性创新在 ITVIC 中都有所体现,滨海引进中关村的先进技术及经验,成为科技成果转化基地,相较于原来的滨海,更多的是进行突变式创新,在此基础上形成滨海－中关村大数据产业联盟,进行相关的政策支持及投入,相较于前期阶段,则是一种渐进式创新。两种创新方式在ITVIC的不同发展阶段都促进了创新产生,提升了知识资本存量。

(3)强弱关系和渐进、探索式创新形成四种组合,在滨海和中关村紧密联系的强关系下,渐进创新模式更为突出;在此之前,弱关系下的突变创新更为突出。

2. 基于组织学习的存量增加

ITVIC的组织学习主要指成员组织间学习,根据不同的关系强度,采用一定的学习方式促进创新生成,提高适应度。

滨海和中关村在合作之前,成员间彼此缺乏联系,属于一种弱关系状态,成员没有机会利用其他成员的知识,难以进行组织间的利用式学习。当环境发生变化,成员不得已需要进行变革和创新时,进行的是组织间探索式学习,形成突变创新。

随后,ITVIC的成员彼此联系并逐渐增强联系强度,滨海与中关村之间进行了大量的知识传递与转移,此时进行的是组织间的利用式学习,在既有知识的基础上产生了解决共同问题或新问题的创新性知识,属于渐进性创新。在一定的关系强度下,对学习方式进行选择,也就间接促进了最佳匹配的创新方式的生成,实现了ITVIC知识资本存量的增加。

6.3 滨海－中关村ITVIC价值提取机制

6.3.1 ITVIC人力资本价值提取

1. 人力资本再培训投资

进入ITVIC的一般都是具有一定教育水平的人力资本,但面对新的产业、新的问题时,比如为建立和发展ITVIC大数据产业,急需大量专业人才,这时就需要对与大数据相关的研发和应用,甚至管理人才进行培养和培训。对于一定的物质资本投入量,需要对不同类型的人力资本确定最佳投资量,其取决于社会技术进步、物质资本与人力资本的弹性系数和价格,以及投入的劳动力数量。为有效地对ITVIC的人力资本进行投资,还需要进行投资激励和鼓励投资主体多元参与等具体措施。

2. 人力资本创新激励

ITVIC的人力资本具有极高的创造价值的能力,通过创新形成新的知识或产品、服务,为促使人力资本充分发挥其创新能力,需要对人力资本进行激励。从ITVIC整体层面来讲,需要采用一定的激励手段,比如实施股权奖励、年薪制等,或者对研发、管理型人力资本给予一定的优惠政策,从而提高激励水平,鼓励人力资本通过努力去获得创新绩效和报酬,最终实现创新目标。

6.3.2 ITVIC组织资本价值提取

1. ITVIC知识产权运营

滨海要成为ITVIC中的成果转化基地,必然要接受中关村的知识产权转移并应用,在此过程中,应鼓励集中代理机构进行知识产权申报和提供知识产权的交易服务,既要鼓励知识产权的更多产生和共享,又要进行知识产权的适度保护,并形成一种知识产权文化,对ITVIC成员知识产权行为进行道德约束。

2. ITVIC跨区域文化整合

滨海是北方制造业基地,具有良好的产业基础和文化,而中关村有"中国硅谷"之称,是创新和智力资源聚集地,创新文化特征明显,两者的结合就是要对两个区域的文化进行整合。滨海要成为科技成果产业化基地,而北京依然要以研发和创新为核心,同时两者联合形成ITVIC共建云计算、物联网、4G移动通信、高端制造业、纳米科技等产业,实现跨区域文化的创新性与根植性的协调。

3. ITVIC 组织制度优化

滨海和中关村的合作是逐步展开的,两方的管理机构频繁接触,商讨共建合作机制和平台等,可见 ITVIC 组织制度优化具有重要性。滨海和中关村两地的政府也尽力在政策方面进行协调,使得进驻滨海的企业能继续享有一定的中关村的优惠政策,推进两地的联合发展。ITVIC 的管理机构对成员的行为进行引导和监督,为其活动提供各种服务和支持,但是却不能替企业决定是否转移到滨海,是否进入某一个产业发展领域,体现了较弱程度的管理。由于 ITVIC 还处于雏形阶段,ITVIC 的平台支撑作用尚未体现出来。

6.3.3 ITVIC 关系资本价值提取

1. 内部成员关系

ITVIC 内部成员间的关系突出表现为产学研合作、技术创新联盟和科技园等形式,成员间基于信任相互合作,促进信任产生和增强就可以实现关系资本价值。除了上述表现形式之外,虚拟企业的构建也应该成为 ITVIC 内部成员加强信任和合作的方式,应创造条件促进其形成。

2. 与外部顾客关系

外部顾客对 ITVIC 的最直观反映是品牌,这里的品牌不仅仅是商品和企业品牌,更是一种集群品牌。滨海与中关村合作,引入的是与创新和科研有关的高科技企业、机构、项目和人才,滨海从制造业基地转化为与高技术产业紧密相关的科技成果转化基地,并具有新一代信息技术的特征;而中关村借力滨海的土地、金融支持和优惠政策,加强了核心园区海淀园的优势与影响,ITVIC 毫无疑问地成为国内最高水平的信息技术的聚集地,高新产业特征日益突出,由此带来的顾客信任和忠诚,直接产生关系资本价值。

6.4 滨海-中关村 ITVIC 价值评估机制

6.4.1 数据获取及处理

本书的数据获取主要来自两个途径：对于能够经由统计资料及计算获得的指标数据（第一类数据）主要来自于《中国科技统计年鉴》；而对于不能由统计资料获得的指标数据（第二类数据）则主要来自于问卷调查。

1. 第一类数据的获取

(1) 由于 2009 年之前的《中国科技统计年鉴》数据统计指标与现有的不同，故选取 2009 年到 2012 年的数据进行研究。

(2) 滨海-中关村 ITVIC 还没有整体意义上的统计数据，因此以北京地区和天津地区的统计数据之和为 ITVIC 的指标值。

(3) 北京地区的国家级高技术园区只有唯一的中关村，而天津的国家级高技术园区也只有天津滨海高新技术开发区，所以分别以北京和天津高新区的数据作为中关村和滨海的数据。

(4) 不同的数据单位可能不同，但因为粗糙集主要是考虑同一指标不同指标值对于评估结果的关系，所以暂不考虑单位的问题。根据以上四方面和指标的测度公式，通过统计资料及计算，可以获得第一类指标及数据的原始数据值，见表 6-1。

表 6-1 第一类指标的原始数据

指标	2009 年	2010 年	2011 年	2012 年
A_3	0.145 0	0.170 4	0.153 6	0.146 2
A_{10}	0.014 8	0.010 5	0.017 0	0.016 8
A_{12}	130.480 8	104.701 4	176.547 5	185.196 3
A_{13}	4 056.000 0	2 331.000 0	5 430.000 0	7 098.000 0

续表 6-1

指标	2009 年	2010 年	2011 年	2012 年
A_{14}	443 767.000 0	404 215.000 0	7 803 147.000 0	1 046 150.000 0
A_{15}	2 901.195 4	4 498.410 5	2 714.331 0	2 845.578 3
A_{16}	153.200 6	266.564 1	203.413 1	183.811 2
A_{18}	5 244.000 0	5 096.000 0	5 144.000 0	5 019.000 0
A_{31}	69 860.000 0	83 269.000 0	116 444.000 0	133 314.000 0
A_{32}	30 325.000 0	44 517.000 0	54 870.000 0	70 293.000 0
A_{33}	55 177.000 0	55 853.000 0	70 573.000 0	65 453.000 0
A_{38}	209 778.000 0	323 305.000 0	210 253.000 0	213 712.000 0

由于采用粗糙集的运用需要离散数据，因此需要对上表的原始数据进行离散处理。根据第 5 章给出的离散化处理方法，各指标离散化取值的临界点见表 6-2。

表 6-2 第一类指标的原始数据离散的临界点

指标	Md1	Md2	Md3	Md4
A_3	0.157 7	0.164 1	0.167 3	0.168 8
A_{10}	0.013 8	0.015 4	0.016 2	0.016 6
A_{12}	144.948 9	165.072 6	175.134 4	180.165 4
A_{13}	4 714.500 0	5 906.250 0	6 502.125 0	6 800.062 5
A_{14}	4 103 681.000 0	5 953 414.000 0	6 878 280.500 0	7 340 713.750 0
A_{15}	3 606.370 8	4 052.390 7	4 275.400 6	4 386.905 6
A_{16}	209.882 3	238.223 2	252.393 7	259.478 9
A_{18}	5 131.500 0	5 187.750 0	5 215.875 0	5 229.937 5
A_{31}	101 587.000 0	117 450.500 0	125 382.250 0	129 348.125 0
A_{32}	50 309.000 0	60 301.000 0	65 297.000 0	67 795.000 0
A_{33}	62 875.000 0	66 724.000 0	68 648.500 0	69 610.750 0
A_{38}	266 541.500 0	294 923.250 0	309 114.125 0	316 209.562 5

根据表 6-2,令 $A_j = 1(\min A_j \leqslant A_j \leqslant \text{Md1})$,$A_j = 2(\text{Md1} \leqslant A_j \leqslant \text{Md2})$,$A_j = 2(\text{Md2} \leqslant A_j \leqslant \text{Md3})$,$A_j = 2(\text{Md3} \leqslant A_j \leqslant \text{Md4})$,$A_j = 2(\text{Md4} \leqslant A_j \leqslant \max A_j)$,有离散化的第一类数据见表 6-4。之所以选择 4 个离散临界点,是因为考虑到下面对于第二类数据处理时所采用的 5 点李克特量表法,对于所有数据都采用数值 1~5 进行标示,将有利于下面的粗糙集计算。

2. 第二类数据获取

对于一些难以获得统计资料的定量数据和定性数据,本书根据李克特量表来设置调查问卷,具体题项见第 5 章,量表基本格式见表 6-3,由量表形成的问卷详见附录。

表 6-3　HTVIC 知识资本增值评估指标量表

HTVIC 知识资本增值指标题项	非常不同意	不同意	不确定	同意	非常同意
题项 1	1	2	3	4	5
题项 2	1	2	3	4	5
⋮					

本次调查问卷的发放主要采用 QQ 群、电子邮件、第三方问卷调查、网站(如问卷星、问卷网、调查派等)等多种形式进行。发放对象主要为滨海高新区和中关村的工作人员特别是基层以上的管理人员,以及部分专家。发放的时间为 2013 年 4 月到 2013 年 12 月。收回有效问卷 212 份,调查对象为 2009~2012 年四年的数据,其中 2009 年 35 份,2010 年 46 份,2011 年 52 份,2012 年 79 份。

通过量表进行问卷调查,将有利于对各题项的各年数值进行直观的比较,而且正符合粗糙集计算的要求。但有两方面值得注意:

(1)为避免同一年度的多份问卷中某个第一类数据的确定值可能

对重要性的影响,调查问卷的设计中也包含了此类数据的题项。当考虑指标约简和权重时,全部采用调查问卷的数据进行处理;当考虑年度数据时,第一类数据用原始值的离散值处理,第二类数据采用问卷结果的平均值处理。

(2)一般通过调查问卷获取的数据都需要进行问卷的信度和效度检验,主要用于分析题项与主题的相关系数,以及题项之间的相关系数,去除不能反映主题的题项和相关性较强的重复性题项,进而筛选问卷题项和调整问卷结构。而本书利用粗糙集对题项(指标)进行筛选,去除冗余,所以暂不做信度和效度检验,假设问卷已经通过检验,具有一致性和有效性。

通过对上面第一类和第二类数据的获取及处理,可以得到所有指标的离散数据值,见表6-4。

表6-4 所有指标的离散数据值

对象/指标	A_1	A_2	A_3	A_4	…	A_{57}	A_{58}	A_{59}	A_{60}
0901	1	2	1	3	…	1	2	2	1
0902	1	3	1	3	…	1	2	2	1
0903	1	2	2	3	…	1	2	2	1
⋮	⋮	⋮	⋮	⋮	…	⋮	⋮	⋮	⋮
0935	1	2	1	3	…	1	2	2	2
1001	2	2	5	3	…	2	2	3	2
1002	2	1	5	3	…	2	2	3	2
⋮	⋮	⋮	⋮	⋮	…	⋮	⋮	⋮	⋮
1045	2	2	5	3	…	2	3	3	2
1046	2	2	5	3	…	3	2	4	2
1101	3	3	1	4	…	3	3	4	4
1102	3	3	1	3	…	3	3	4	4
⋮	⋮	⋮	⋮	⋮	…	⋮	⋮	⋮	⋮

续表 6-4

对象/指标	A_1	A_2	A_3	A_4	...	A_{57}	A_{58}	A_{59}	A_{60}
1152	3	3	1	4	...	1	3	4	4
1201	4	4	1	4	...	4	4	4	5
1202	4	4	1	3	...	4	4	4	5
⋮	⋮	⋮	⋮	⋮	⋮	⋮	⋮	⋮	⋮
1279	4	4	1	4	...	3	4	4	5

6.4.2 基于粗糙集属性依赖度和重要度的指标筛选

根据第 5 章基于属性依赖度和重要度的粗糙集指标筛选算法,采用 MATLAB 编程进行启发式搜索,得到约简后的指标集合为表 6-5。

表 6-5 ITVIC 知识资本评估指标体系(约简后)

一级指标	二级指标	三级指标
ITVIC 人力资本增值指标	教育水平	a_1 人均教育费用投入强度(A_2)、a_2 大学学历以上人员占比(A_3)、a_3 平均外语水平(A_4)、a_4 平均计算机水平(A_5)、a_5 平均在职学习时间(A_6)、a_6 人均培训支出(A_7)、a_7 参加培训人员比例(A_8)、a_8 人均年培训时间(A_9)
	创新能力	a_9 R&D 人员比例(A_{10})、a_{10} 平均研发能力(A_{11})、a_{11} R&D 投入强度(A_{12})、a_{12} 研发课题或项目数(A_{13})、a_{13} 研发产出强度(A_{15})、a_{14} 新品开发能力(A_{16})、a_{15} 技术收入占比(A_{17})
	专业和沟通协调能力	a_{16} 专业技术人员数量(A_{18})、a_{17} 中级职称以上人员比例(A_{19})、a_{18} 工程师数量占比(A_{20})、a_{19} 高管人员比例(A_{21})、a_{20} 企业家能力(A_{22})、a_{21} 交流能力(A_{23})、a_{22} 争端解决能力(A_{24})

续表 6–5

一级指标	二级指标	三级指标
ITVIC 组织资本增值指标	制度结构水平	a_{23} 组织结构完善程度(A_{25})、a_{24} 日常运营流程(A_{26})、a_{25} 成果转化制度(A_{27})、a_{26} 人力资本激励制度(A_{28})、a_{27} 跨区域协调制度(A_{29})、a_{28} 中观层面监管制度(A_{30})
	知识产权水平	a_{29} 知识产权申请量(A_{31})、a_{30} 知识产权授权量(A_{32})、a_{31} 科技论文发表量(SCI\EI\CPCI–S)(A_{33})、a_{32} 知识产权交易数量(A_{37})、a_{33} 技术获取、吸收或改造费用(A_{38})
	信息设施水平	a_{34} 平台使用频度(A_{40})、a_{35} 信息传递效率(A_{41})、a_{36} 云计算应用水平(A_{43})
	文化水平	a_{37} 文化协调度(A_{44}) a_{38} 文化对创新支持度(A_{45})
ITVIC 关系资本增值指标	内部合作水平	a_{39} 项目合作成功率(A_{46})、a_{40} 产学研项目比例(A_{47})、a_{41} 虚拟企业产值占比(A_{48}) a_{42} 政府支持度(A_{50})、a_{43} 产业协会效力(A_{51})、a_{44} 成员间关系强度(A_{52})、a_{45} 专业人员会晤比率(A_{54})
	外部合作水平	a_{46} 与顾客的平均合作年限(A_{56}) a_{47} 新顾客的开发能力(A_{57}) a_{48} 网络渠道有效性(网络顾客比率)(A_{59}) a_{49} 顾客参与创新意愿(A_{60})

约简后 ITVIC 知识资本增值指标由 60 个减少到 49 个,记为 $a_j(j=1,2,\cdots,49)$。以上指标较集中地反映了 ITVIC 的知识资本要素对增值的影响,去掉的 11 个指标则为冗余,故采用约简后的 49 个指标对 ITVIC 的知识资本增值进行评估。

6.4.3 基于粗糙集知识粒度的权重确定

根据第 5 章基于粗糙集知识粒度权重计算公式,采用 MATLAB 编程,对约简后的指标体系进行权重计算,得到约简后的 ITVIC 知识资本增值评估指标的权重值,见表 6-6。

表 6-6 约简后的 ITVIC 知识资本增值评估指标权重

指标	a_1	a_2	a_3	a_4	a_5	a_6	a_7
权重	0.016 4	0.023 3	0.006 9	0.006 9	0.015 4	0.014 8	0.008 0
指标	a_8	a_9	a_{10}	a_{11}	a_{12}	a_{13}	a_{14}
权重	0.008 6	0.020 3	0.023 3	0.018 1	0.017 7	0.017 6	0.017 4
指标	a_{15}	a_{16}	a_{17}	a_{18}	a_{19}	a_{20}	a_{21}
权重	0.020 4	0.018 8	0.019 0	0.017 0	0.022 3	0.034 0	0.034 9
指标	a_{22}	a_{23}	a_{24}	a_{25}	a_{26}	a_{27}	a_{28}
权重	0.016 4	0.015 5	0.013 3	0.019 4	0.035 7	0.036 5	0.020 4
权重	0.015 1	0.016 0	0.015 5	0.033 2	0.018 1	0.039 0	0.034 9
指标	a_{36}	a_{37}	a_{38}	a_{39}	a_{40}	a_{41}	a_{42}
权重	0.031 5	0.024 2	0.026 1	0.034 0	0.027 9	0.014 4	0.024 2
指标	a_{43}	a_{44}	a_{45}	a_{46}	a_{47}	a_{48}	a_{49}
权重	0.010 2	0.018 4	0.024 2	0.004 6	0.029 7	0.009 1	0.011 2

6.4.4 白化权评估及结果分析

根据上述约简后的指标及权重,带入第一类数据离散前的原始数据和第二类数据,采用灰色白化权函数进行评估。

(1)首先要确定评估灰类。设定评估最终结果表现为 5 个等级——很差、较差、一般、较强、很强,第一类数据的灰类主要根据某指标的最小值(Min)、最大值(Max)及离散分界点(Md)给出,第二类数据的灰类直接给出,灰类的起点为开区间,终点为闭区间,见表6-7。

表6-7 ITVIC知识资本增值评估指标灰类

	第一灰类 (很差)		第二灰类 (较差)		第三灰类 (一般)		第四灰类 (较强)		第五灰类 (很强)	
	起点	终点	起点	终点	起点	终点	起点	终点	起点	终点
第一类数据	Min	Md1	Md1	Md2	Md2	Md3	Md3	Md4	Md4	Max
第二类数据	0	1	1	2	2	3	3	4	4	5

(2)计算灰色白化权函数。根据第5章白化权公式(5-17)计算每个指标的白化权函数,以2012年ITVIC人力资本教育水平数据为例,指标的白化权结果$f_j^q(\cdot)$见表6-8。

表6-8 2012年ITVIC人力资本教育水平数据的白化权值

	a_1	a_2	a_3	a_4	a_5	a_6	a_7	a_8
f_j^1	0.000 0	0.182 7	0.000 0	0.000 0	0.000 0	0.000 0	0.000 0	0.000 0
f_j^2	0.000 0	0.000 0	0.000 0	0.000 0	0.000 0	0.000 0	0.487 3	0.474 7
f_j^3	0.000 0	0.000 0	0.000 0	0.000 0	0.000 0	0.500 0	0.512 7	0.525 3
f_j^4	0.512 7	0.000 0	0.525 3	0.538 0	0.000 0	0.500 0	0.000 0	0.000 0
f_j^5	0.487 3	0.000 0	0.474 7	0.462 0	0.075 9	0.000 0	0.000 0	0.000 0

(3)计算综合聚类系数和评估结果分析。根据第5章综合聚类系数公式$\eta_i^q = \sum_{j=1}^n f_j^q(y_{ij}) \cdot \omega_j$,计算各年的综合聚类系数,见表6-9。

表6-9 2009~2012年ITVIC知识资本增值综合聚类系数

知识资本增值	很差	较差	一般	较强	很强	年排序
2009年	0.2414	0.2961	0.2755	0.2694	0.1332	0.2436
2010年	0.1168	0.2097	0.2244	0.2013	0.1008	0.2631
2011年	0.0510	0.1927	0.2893	0.2476	0.1495	0.3110
2012年	0.0284	0.0869	0.1564	0.2233	0.1715	0.3350

根据公式 $\eta_i^{q*} = \max\{\eta_i^q\}$，可以看出，2009年ITVIC知识资本增值水平为0.2961，为较差等级；2010年ITVIC知识资本增值水平为0.2244，2011年ITVIC知识资本增值水平为0.2893，处于一般等级；2012年ITVIC知识资本增值水平为0.2233，属于较强等级。由于知识资本对物质资本的撬动作用，ITVIC知识资本增值水平的提高将促进ITVIC的持续、健康和快速发展。这与ITVIC的情况相符，经官方统计数据表明：2012年，滨海高新指数为287.2，年平均增长率达到30%，显示出强劲的发展势头和"高""新"的显著特征；2012年，中关村综合指数为194.6，比上年增长24.8%，中关村创新创业环境进一步优化，高端要素加速集聚。

对各年的聚类系数的最大值进行一致化处理，可以得出年排序（年排序=最大值/当年聚类系数和），根据年排序值可以看出，ITVIC知识资本增值水平呈逐年上升趋势，说明随着ITVIC的形成、发展及合作的加强，ITVIC的知识资本起到了越来越重要的推动作用。也可以看出，虽然2012年在四年中的ITVIC知识资本增值水平最高，但仍处于较强等级而不是很强等级，还有很大的提升空间。ITVIC应积极采取各项措施，对ITVIC知识资本进行有效管理，从而促进其增值，提高增值水平等级。

同时，可以对不同ITVIC知识资本增值要素进行比较，与表6-9相似，按要素类型可以生成四年的ITVIC人力资本、组织资本和关系资本增值的综合聚类系数并按年排序,经过整理得到表6-10。

表6-10 不同ITVIC知识资本要素增值的综合聚类系数年排序

要素增值	2009年	2010年	2011年	2012年	max
人力资本增值能力	0.3616	0.3905	0.3704	0.4135	0.4135
组织资本增值能力	0.3922	0.3932	0.3037	0.3124	0.3932
关系资本增值水平	0.3608	0.3146	0.4069	0.3185	0.4069
max	0.3922	0.3932	0.4069	0.4135	—

从不同年度的角度来看,2009年和2010年组织资本增值最强,2011年关系资本增值最强,2012年人力资本增值最强,这比较符合知识资本三要素之间的协同作用,前三年的组织资本和关系资本创造了人力资本发挥作用的环境,进而促进人力资本充分发挥其创造性并创造最大价值。同时也表明,随着ITVIC的形成,ITVIC组织资本和关系资本的增值作用可以较快展现,然而人力资本增值作用的发挥需要一个较长的周期,具有滞后效应,这也说明教育水平和创新能力、专业能力及沟通协调能力的形成需要尽早开始,需要具有战略性的长远眼光。

从不同的ITVIC知识资本要素来看,自2009年到2012年,ITVIC人力资本和组织资本都经历了先升后降再升的过程,而ITVIC关系资本则是先降后升再降,各要素表现出围绕均衡点进行上下波动,从而实现跃迁上升的总趋势,这正表现出ITVIC是各成员相互协同的自组织过程。为推动自组织进化的形成,需要对相应处于低点的要素加强管理和引导,并协调ITVIC成员主体间的相互作用关系,从而实现ITVIC知识资本的增值最大化和持续增值。

6.5 滨海-中关村ITVIC知识资本增值建议

为促进ITVIC知识资本增值及优化的实现,从而推动ITVIC的发展,本书从ITVIC成员角度和ITVIC集群整体角度给出相关的策略建议。

6.5.1 从成员角度促进ITVIC知识资本增值

ITVIC成员的增值和集群增值具有一致性,促进ITVIC成员知识资本增值就是促进ITVIC知识资本增值。ITVIC成员具有不同类型,应根据自身特征进行相应增值活动。

1. 促进高技术企业知识资本增值

ITVIC的高技术企业主要以信息技术企业为主,强调技术创新产生,企业应积极进行研发活动,加大研发投资力度并对研发人员进行适度激励;要积极进行知识资本积累工作,知识资本创新的产生必然源于原有知识资本,通过企业内部数据库等建设将个人人力资本固化为企业知识资本,将有利于知识资本积累,从而为研发创新提供基础;企业内部的组织学习对知识进行了有效传递,有利于知识资本质量的提升,企业应主动开展内部的学习活动,鼓励经验的交流和推广及岗位轮职等,还可以针对问题成立专题研讨小组,从而促成新知识资本产生。

2. 促进学研机构知识资本增值

ITVIC中具有众多的高校和科研院所,强调基础知识创新,同时为高技术企业提供人力资本。学研机构在知识资本增值过程中,应注意知识成果与实践的对接,积极促成知识成果产业化,根据现实需求进行科学知识创新,并且要具有前瞻性和引导性,保证知识资本价值增值功能的最大化。在提供基础人力资本时,学研机构也需要考虑ITVIC的实际需要,进行专业调整和重点培养,从而提供较高水平的人力资本。

3. 促进中介机构知识资本增值

ITVIC 内部存在多种类型的中介机构，主要为 ITVIC 的高技术企业创新提供资金、人才等服务和支持，因此，ITVIC 的中介机构要积极进行服务方式的改革和创新，对其组织资本和关系资本进行改善和优化，从而提供便捷高效的服务支持。

4. 促进政府机构知识资本增值

ITVIC 中的政府主要负责监管和提供基础设施，政府应重点加强对自身组织资本的完善与优化，从而创造软环境，既保证有效监管，又要简化流程；同时要做好服务型政府，创造硬环境，为 ITVIC 的发展提供共性基础设施建设等。

6.5.2 从集群角度促进 ITVIC 知识资本增值

1. 强化 ITVIC 知识资本价值创造机制

ITVIC 知识资本价值创造机制在 ITVIC 的运行中得以体现，但不够全面，还可以从以下四个方面进行强化，从而促进价值创造机制更好运行。

(1)加强知识共享制度和知识成果转化制度的实施力度。虽然 ITVIC 中存在知识共享和知识成果转化，但还没有形成制度化，更没有实现制度的促进作用。为促进知识共享，ITVIC 应该建立基于 IT 平台的知识共享制度，同时，对于与知识共享相关的成员责任义务、奖励、惩罚以及专题交流和培训等制定实施细则。为促进知识成果产业化，仅增强成员间的联系和对接是不够的，要考虑市场及实际需求，还要中介机构和政府积极参与。

(2)对关系强度和创新方式进行主动调节和最优匹配。ITVIC 的运行中已实现现有关系强度下创新方式匹配，为促进最优匹配和价值增值，可以对 ITVIC 成员间关系强度进行主动调节，采用各种方式特别是基于平台的方式来改变联系频度。

(3)更好发挥学习对于关系强度和创新方式的桥梁作用。ITVIC 的管理机构应对成员学习行为进行引导,要创造条件,促成不同的成员依据不同关系强度和创新目标,选择相适应的学习方式,以促进创新最大化生成。

(4)重视研发、学习和积累的作用。ITVIC知识资本价值创造潜力主要来自于通过创新实现的ITVIC知识资本存量的形成和增加,要促成知识资本创新,就要加强ITVIC的研发和学习等相关活动,从ITVIC角度建立研发机制和学习机制,以互补视角促进ITVIC知识资本价值创造机制的实施,将有利于ITVIC知识资本的形成和增加;同时,为克服知识资本随时间的衰减特性,ITVIC知识资本积累要与研发和学习活动相结合,并嵌入到ITVIC知识资本存量形成和增加机制中。

2. 强化ITVIC知识资本价值提取机制

在ITVIC的运行中,ITVIC知识资本价值提取机制不太明显,为促进ITVIC知识资本价值实现,应重视ITVIC知识资本的运用以实现价值。ITVIC处于初级阶段,其知识资本也在形成阶段,目前对于ITVIC知识资本以运用而实现增值的重视程度还不够。ITVIC的管理机构应积极宣传对ITVIC知识资本进行价值提取的重要性,开展相关科学研究为ITVIC知识价值提取提供理论和方法指导,在ITVIC的平台上提供专业培训及决策咨询服务,提高ITVIC知识资本的运用效率。

3. 强化ITVIC知识资本价值评估机制

评估集中反映了协同增值效果,从而为增值提供优化方案,因此,为促进评估活动更好地进行,要强化ITVIC知识资本价值评估机制,主要表现为以下三个方面。

(1)根据需要进行日常ITVIC知识资本增值评估,也可以建立定期评估制度,以把握ITVIC知识资本现状和发现存在的问题,从而建立相适应的ITVIC知识资本管理模式,对ITVIC知识资本进行有效管理,进而促进ITVIC知识资本增值及优化的实现。

(2)根据评估结果,从ITVIC知识资本整体入手,或是从ITVIC知识资本某具体要素入手,对ITVIC知识资本价值创造机制和提取机制进行选择和优化,促进存量增加提供增值准备或是加以利用而实现增值,从而提升序参量 ITVIC 知识资本及增值能力,并促进序参量作用的发挥,最终推进 ITVIC 的持续、健康和快速发展。

(3)重视知识资本的作用,积极进行知识资本及相关研究,设立专门机构进行监管并进行定期报告,为 ITVIC 知识资本增值评估提供专业定量数据,从而更好地进行 ITVIC 知识资本增值评估,并根据评估结果给出相应措施,以推进增值优化。

6.6 本章小结

本章以滨海－中关村信息技术虚拟产业集群(ITVIC)为对象,对 HTVIC 知识资本增值的价值创造机制、提取机制和评估机制进行了实证,结果表明:本书设计的机制在实践中具有可行性,通过机制的运用可以有效促进 ITVIC 知识资本的增值。

结　　论

　　HTVIC 是不受地域限制的高技术企业和相关机构在虚拟空间的整合,是借助信息及网络技术相互联结,提供高技术产品和服务的一种松散组织。HTVIC 具有传统集群的优势,又通过"虚拟"对传统集群进行拓展,使其更具竞争优势。同时,知识资本是 HTVIC 的主导性要素,其增值将直接带动 HTVIC 的价值提升。本书沿着知识到知识资本、知识资本到价值和价值到增值优化的主线,考虑 HTVIC 知识资本的知识性、资本性和增值性特征,建立 HTVIC 知识资本增值机制,包括 HTVIC 价值创造机制、提取机制和评估机制,目的在于通过 HTVIC 知识资本增值促进 HTVIC 的发展,并为高技术产业的发展提供一种新的思路,本书的研究具有一定的理论价值和实践意义。

　　HTVIC 知识资本增值机制的研究主要取得了如下创新成果。

　　(1)基于自组织协同学的序参量原理,设计了 HTVIC 知识资本增值机制框架,以强化序参量的作用,从而促进 HTVIC 知识资本增值系统的自组织进化。价值创造机制是增值的基础,提供增值的知识存量储备;价值提取机制是对 HTVIC 知识资本要素的有效运用,从而实现增值;价值评估机制对增值效果进行检验,从而对 HTVIC 知识资本进行有效管理,最终促进增值优化。

　　(2)基于 CAS 的刺激反应模型、回声模型和 SECI 与融知发酵模型,构建了 HTVIC 知识资本存量形成机制。HTVIC 的知识资本存量形成具有两个层次:成员层知识资本存量形成是单个成员主体为适应环境和其他主体而进行的知识创新活动,包括知识获取、整合和应用三个顺序过程;集群层知识资本存量形成是多个成员主体的知识创新活动在虚拟空间聚集和非线性作用的结果,表现为 HTVIC 知识创新结构、模式和创新涌现,并通过知识共享制度和知识成果转化制度,促进 HTVIC 知识资本存量的形成。

（3）基于 NK 模型并改进,构建了 HTVIC 知识资本存量增加机制,包括基于关系强度和创新方式的存量增加和基于组织学习的存量增加,得出以下结论:不同类型的 HTVIC 成员需要相互联系并建立适度关系强度。HTVIC 关系强度与创新方式存在最优匹配:强关系下渐进性创新适应度高;弱关系下突变性创新适应度高。HTVIC 处于稳定发展阶段时,建议采用利用式学习以促进强关系下的渐进性创新;而处于升级发展阶段时,建议采用探索式学习以促进弱关系下的突变性创新。上述结论有利于 HTVIC 知识资本存量的增加,为下文基于要素的增值实现提供存量准备。

（4）基于卢卡斯模型和综合激励模型,构建了 HTVIC 人力资本价值提取机制,以促进 HTVIC 人力资本的价值实现。针对 HTVIC 不同类型的人力资本,本书对卢卡斯模型进行改进,建立了 HTVIC 人力资本再培训投资的最优决策模型,并给出相关策略建议,以促进 HTVIC 人力投资活动的有效进行;基于波特和迪尔的综合激励模型,建立了 HTVIC 人力资本双层循环激励模型,以促进人力资本创新。

（5）基于供求和均衡理论、价格弹性和交易成本理论,构建了 HTVIC 知识产权运营机制。由于 HTVIC 知识产权具有公共产品和私人产品的双重属性,本书通过分析供给量变动提出 HTVIC 知识产权的集中代理制度;通过分析供给曲线的移动提出要促进 HTVIC 知识产权有效供给的增加;通过分析供给、需求曲线的同时移动提出要进行 HTVIC 知识产权的适度保护;通过价格弹性和交易成本分析提出要促进 HTVIC 知识产权交易的进行。

（6）基于知识资本理论和粗糙集理论,构建了 HTVIC 知识资本价值评估机制,包括组织机构、评估指标管理机制、评估方法管理机制和保障机制四个方面,以促进有效评估和增值最大化的实现。

本书对松散组织 HTVIC 的知识资本增值问题进行研究,构建了

HTVIC 知识资本增值机制,以期推动 HTVIC 及高技术产业集群或园区的持续发展。由于 HTVIC 是一种新兴组织,本书的研究仅从 HTVIC 知识资本增值角度,较为宏观地给出一系列的制度方法体系以促进 HTVIC 的价值提升,由于基于网络和信息技术的综合平台对 HTVIC 知识资本增值具有重要作用,未来研究应侧重平台的构建与运行,为 HTVIC 知识资本增值实践活动的开展提供有益的帮助,从而为 HTVIC 及高技术产业的发展提供全方位的指导。

附　　录

尊敬的先生/女士：

您好！这是一个关于高技术虚拟产业集群（HTVIC）知识资本增值情况的调查问卷，本问卷的目的在于确定影响 HTVIC 知识资本增值的各项因素，其结果仅作学术研究使用，不涉及任何商业秘密和隐私，并且为无署名问卷，我们承诺对您的回答保密。敬请您抽出宝贵时间完成此问卷，对您的支持在此表示深深谢意。

HTVIC 知识资本增值研究课题组

××××年××月

本问卷采用李克特量表分别从三个方面设置题项，请根据您的实际感觉作答，在您认可的分值上打"√"，每个选项没有对错之分。

1. HTVIC 人力资本增值量表

（1）教育水平量表。

HTVIC 人力资本　教育水平　指标题项	非常不同意	不同意	不确定	同意	非常同意
A_1：大部分员工都完成大学以上学历教育	1	2	3	4	5
A_2：员工教育费用投入占个人收入比率非常高	1	2	3	4	5
A_4：员工具有非常高的专业外语能力	1	2	3	4	5
A_5：员工具有非常高的计算机网络应用和软件开发能力	1	2	3	4	5

续表

HTVIC 人力资本　教育水平　指标题项	非常不同意	不同意	不确定	同意	非常同意
A_6:员工投入非常多的时间进行在职学习	1	2	3	4	5
A_7:员工培训支出对总收入占比非常高	1	2	3	4	5
A_8:员工参加培训的比例非常高	1	2	3	4	5
A_9:员工人均培训时间非常长	1	2	3	4	5
A_3:大学学历以上人员占比非常高	1	2	3	4	5

(2)能力水平量表。

HTVIC 人力资本　创新能力、专业能力和沟通协调能力　指标题项	非常不同意	不同意	不确定	同意	非常同意
A_{11}:与同行相比,新品研发的周期非常短	1	2	3	4	5
A_{17}:技术收入对总收入的占比非常高	1	2	3	4	5
A_{19}:中级职称以上人员对从业人员占比非常高	1	2	3	4	5
A_{20}:具有工程师职称的人员占比非常高	1	2	3	4	5
A_{21}:担任重要职务的高级管理人员占比非常高	1	2	3	4	5
A_{22}:企业家具有远见卓识或开拓创新、敢于变革的能力	1	2	3	4	5
A_{23}:相关人员熟练掌握各种交流工具和应用各种交流方式	1	2	3	4	5
A_{24}:相关人员面对争端能迅速解决或提供可选方案	1	2	3	4	5
A_{10}:R&D 人员比例非常高	1	2	3	4	5
A_{12}:R&D 投入强度非常高	1	2	3	4	5
A_{13}:研发课题或项目数非常多	1	2	3	4	5
A_{14}:研发项目经费非常多	1	2	3	4	5

续表

HTVIC 人力资本 创新能力、专业能力和沟通协调能力 指标题项	非常不同意	不同意	不确定	同意	非常同意
A_{15}：研发产出强度非常高	1	2	3	4	5
A_{16}：新品开发能力非常强	1	2	3	4	5
A_{18}：专业技术人员数量非常多	1	2	3	4	5

2. HTVIC 组织资本增值量表

（1）制度结构水平量表。

HTVIC 制度结构水平 指标题项	非常不同意	不同意	不确定	同意	非常同意
A_{25}：组织结构能够有效促进多方协同和知识资本增值	1	2	3	4	5
A_{26}：日常运营及流程能够有效促进多方协同和知识资本增值	1	2	3	4	5
A_{27}：研发成果能有效进行产业化生产	1	2	3	4	5
A_{28}：具有完善的激励制度，能够有效促进人力资本创新	1	2	3	4	5
A_{29}：对多个区域的生产运营活动能够有效协调	1	2	3	4	5
A_{30}：政府和组织中观层面的管理机构能有效进行监管	1	2	3	4	5

（2）知识产权水平量表。

HTVIC 知识产权水平 指标题项	非常不同意	不同意	不确定	同意	非常同意
A_{34}：被认定或认可的驰名商标和品牌数量非常多	1	2	3	4	5
A_{35}：列入国家科技计划项目和地方科技计划项目的项目数量非常多	1	2	3	4	5

续表

HTVIC 知识产权水平　指标题项	非常不同意	不同意	不确定	同意	非常同意
A_{36}：知识产权维权费用占收入比重非常人	1	2	3	4	5
A_{37}：与知识产权相关的交易数量非常多	1	2	3	4	5
A_{31}：知识产权申请量非常高	1	2	3	4	5
A_{32}：知识产权授权量非常高	1	2	3	4	5
A_{33}：科技论文发表量非常多	1	2	3	4	5
A_{38}：技术获取、吸收或改造费用非常多	1	2	3	4	5

（3）信息设施水平量表。

HTVIC　信息设施水平　指标题项	非常不同意	不同意	不确定	同意	非常同意
A_{39}：用于平台建设和维护的资金比重非常大	1	2	3	4	5
A_{40}：平台被广泛使用在生产经营的各项活动中	1	2	3	4	5
A_{41}：信息传递渠道通畅，可以迅速获得有效信息	1	2	3	4	5
A_{42}：平台具有丰富功能和非常强的技术稳定性	1	2	3	4	5
A_{43}：非常多地使用云计算相关技术和应用	1	2	3	4	5

（4）文化水平量表。

HTVIC 文化水平　指标题项	非常不同意	不同意	不确定	同意	非常同意
A_{44}：不同的区域文化具有非常强的协调性	1	2	3	4	5
A_{45}：不同文化促进了多样性创新的产生	1	2	3	4	5

3. HTVIC 关系资本增值量表

（1）内部合作水平量表。

HTVIC 关系资本　内部合作水平　指标题项	非常不同意	不同意	不确定	同意	非常同意
A_{46}：成功合作的项目数占总项目数的比例非常高	1	2	3	4	5
A_{47}：产学研项目数占总项目数的比例非常高	1	2	3	4	5
A_{48}：虚拟企业的产值占总产值的比重非常大	1	2	3	4	5
A_{49}：具有专业水平的服务机构占成员总数的比例非常高	1	2	3	4	5
A_{50}：政府能够积极制定各种有效的政策制度	1	2	3	4	5
A_{51}：产业协会充分发挥了对产业发展的监管促进作用	1	2	3	4	5
A_{52}：成员间具有非常高的联系频度	1	2	3	4	5
A_{53}：高层人员频繁会晤商讨共同问题	1	2	3	4	5
A_{54}：专业人员经常性会面以解决技术难题和推进技术转移	1	2	3	4	5
A_{55}：成员间相互联系对知识转移起到非常好的支持作用	1	2	3	4	5

（2）外部合作水平量表。

HTVIC 关系资本　外部合作水平　指标题项	非常不同意	不同意	不确定	同意	非常同意
A_{56}：与顾客的平均合作年限超过五年	1	2	3	4	5
A_{57}：年新增顾客人数对总顾客人数的占比非常高	1	2	3	4	5
A_{58}：用于维系与旧顾客关系的费用对总关系成本的占比非常高	1	2	3	4	5
A_{59}：顾客通过网络实现成功购买的比率非常高	1	2	3	4	5
A_{60}：顾客友好地对创新提出建议的数量非常多	1	2	3	4	5

参 考 文 献

[1] OAKEY R, COOPER S. High technology industry, agglomeration and the potential for peripherally sited small firms[J]. Regional Studies, 1989(23):347-360.

[2] DAVID K, FRANK W. Collective learning and knowledge development in the evolution of regional clusters of high technology SMEs in Europe[J]. Regional Studies, 1999(8):12-45.

[3] OLAV S. Social networks and industrial geography[J]. Journal of Evolutionary Economics, 2003(13):55-69.

[4] LESLIE, STUART W, KARGON, et al. Selling silleon valley: frederick terman's model for regional advantage[J]. Business History Review, 1996, 70(1):435-472.

[5] ELIZABETH G, PAUL H. High-technology clustering through spin-out and attraction: the cambridge case[J]. Regional Studies, 2005, 39(8):1127-1144.

[6] ALEXANDRE G. Formation and emergence of ICT clusters in India: the case of bangalore and hyderabad[J]. GeoJournal, 2007, 68(1):31-40.

[7] 席艳玲, 吉生保. 中国高技术产业集聚程度变动趋势及影响因素——基于新经济地理学的视角[J]. 中国科技论坛, 2012(10):51-57.

[8] 金镭. 高科技产业集群发展动力分析——以中关村高科技产业群为例[J]. 科技进步与对策, 2012(16):45-49.

[9] LISSONI F. Knowledge codification and the geography of innovation: the case of brescia mechanical cluster[J]. Research Policy, 2001, 30(9):

1479-1500.

[10] BAPTISTA R. Geographical clusters and innovation diffusion[J]. Technological Forecasting and Social Change,2001,66(1):31-46.

[11] SWARM G. High-Technology Clusters:Specialisation and interaction [J]. Research and Technological Innovation,2005(1):129-147.

[12] SAXENIAN A. Culture and competition in silicon valley and route 128 [J]. Cambridge:Harvard university press,1994:10-85.

[13] HINNERK G. Network formation under cumulative advantage:evidence from the cambridge high-tech cluster[J]. Computational Economics, 2008:407-413.

[14] TATIANA K. Information technology clusters in india[J]. Transition Studies Review,2007,14(2):355-378.

[15] KEEBLE D,WILKINSON F. High-technology clusters, networking and collective learning in Europe[J]. GeoJournal, 2002, 56(2): 167-169.

[16] PHILIP C. Regional innovation systems:general findings and some new evidence from biotechnology clusters[J]. Journal of Technology Transfer,2002,27(1):133-145.

[17] AYDOGAN N,CHEN Y P. Social capital and business development in high-technology clusters Preliminary Entry 96:an analysis of contemporary U.S. agglomerations[M]. New York:Springer Science Business Media,LLC,2008:1-105.

[18] SANG C P,SEONG K L. The regional innovation system in sweden:a study of regional clusters for the development of high technology[J]. Ai & Society,2004,18(3):276-292.

[19] GROSSMAN G,HELPMAN E. Innovation and growth in the global economy[M]. MIT Press,1991:14-58.

[20] MCCORMICK D. African enterprise clusters and industrialization:

theory and reality [J]. World Development,1999,27(9):1531-1551.

[21] 许强,应翔君.核心企业主导下传统产业集群和高技术产业集群协同创新网络比较——基于多案例研究[J].软科学,2012(6):10-15.

[22] 李琳,韩宝龙.地理与认知邻近对高技术产业集群创新影响——以我国软件产业集群为典型案例[J].地理研究,2011(9):1592-1605.

[23] 李宇,李安民.高技术产业集群的模式演化及发展研究——以辽宁省为例[J].东北财经大学学报,2015(6):34-40.

[24] 张弛,陈昭,欧阳秋珍.高技术产业集群外部性效应差异研究——基于2009—2014年省级面板数据的分析[J].中国科技论坛,2017(6):53-61,68.

[25] 冯朝军.国内外高科技产业集群发展模式及启示[J].中共太原市委党校学报,2018(5):14-17.

[26] 肖杰超,王鑫鑫.基于网络结构优化的高技术产业集群创新能力提升研究[J].产业与科技论坛,2013(15):19-21.

[27] 刘满凤.高技术产业集群中技术创新与扩散的系统基模分析与政策解析[J].科技进步与对策,2011(24):65-69.

[28] 曹路宝,胡汉辉,陈金丹.基于U-I关系的高技术产业集群创新网络分析[J].科学学与科学技术管理,2011,32(5):28-33.

[29] 欧光军,雷霖,杨青,等.高技术产业集群企业创新集成能力生态整合路径研究[J].软科学,2016,30(2):33-38.

[30] 刘满凤,吴卓贤.高新技术产业集群知识溢出的Mar效应和Jac效应的实证研究[J].科学学与科学技术管理,2013(8):83-92.

[31] 李永周,谢晓玲,刘江日.高技术产业集群网络的企业知识获取渠道研究——以武汉东湖新技术开发区为例[J].科技进步与对策,2012(2):131-135.

[32] 王树海,闫耀民.国家高新区未来发展的对策研究[J].中国软科

学,2009(3):84-88.

[33] 刘京,仲伟周.我国高新区扩散功能不足的表征、原因及对策研究[J].科技进步与对策,2011,28(7):39-42.

[34] 单丹丹.我国高技术产业集群发展的问题及对策[J].宏观经济管理,2016(6):65-67,71.

[35] FLORES M, MOLINA A. Virtual industry clusters: foundation to create virtual enterprise[R]. Germany: Kluwer Academic Publiclishers, 2000.

[36] FOSS N, KNUDSEN C. Towards a competence theory of the firm[M]. Routlege, 1996.

[37] ALDO R, GIUSEPPINA P, VALERIO E. New sources of clustering in the digital economy [J]. Journal of Small Business and Enterprise Development, 2001, 8(1):19-27.

[38] 郑健壮.传统产业集群的风险和组织虚拟化的研究[J].技术经济,2006,25(7):41-44.

[39] 夏亚民,翟运开.基于虚拟产业集群的高新区产业发展与创新研究[J].武汉理工大学学报(信息与管理工程版),2007,29(4):106-109.

[40] 王能.基于自组织理论的虚拟产业集群演进研究[J].经济问题,2011(3):66-69.

[41] 庞俊亭,游达明.我国区域产业经济发展风险规避路径研究——基于虚拟产业集群视角[J].经济地理,2011(5):805-809.

[42] 李斌,韦传勇.虚拟产业集群的构建与发展:模式及路径选择[J].经济研究导刊,2012(4):210-211.

[43] 高长元,杜鹏.高技术虚拟产业集群成员企业合作竞争与知识创新的关系研究[J].管理学报,2010,7(2):212-217.

[44] 高长元,杜鹏.高技术虚拟产业集群合作竞争复杂性分析[J].社会科学家,2009(10):52-55.

[45] 高长元,杜鹏.高技术虚拟产业集群资源共享策略[J].华东经济管

理,2011,25(9):85-87.

[46] 高长元,王京.虚拟产业集群合作博弈分析[J].湘潭大学学报(哲学社会科学版),2014(1):26-29.

[47] 宋华,卢强.基于虚拟产业集群的供应链金融模式创新:创捷公司案例分析[J].中国工业经济,2017(5):172-192.

[48] 杜旻轩,赵瑞,张宇泽,等.我国跨区域虚拟产业集群发展研究[J].合作经济与科技,2020(9):20-22.

[49] 郑方.虚拟产业集群的契约属性及多重治理机制[J].中国经贸导刊(理论版),2017(20):72-74.

[50] STWEART T. Brainpower-how intellectual capital is becoming American's most valuable asset[J]. Fortune,1991(6):44-60.

[51] STEWART T, LOSEE S. Your company's most valuable easset:intellectual capital [J]. Fortune,1994(1):34-42.

[52] SULLIVAN E. Developing a model for managing intellectual capital[J]. European Management Journal,1996(4):28-35.

[53] 安妮·布鲁金.智力资本应用与管理[M].沈阳:东北财经大学出版社,2003:413-414.

[54] LIAO P CHAN L, SENG J. Intellectual capital disclosure and accounting standards [J]. Industrial Management & Data Systems,2013,113(8):1189-1205.

[55] SU H. Business ethics and the development of intellectual capital[J]. Journal of Business Ethics,2014,119(1):87-98.

[56] WANG D, CHEN C. Does intellectual capital matter? High – performance work systems and bilateral innovative capabilities[J]. International Journal of Manpower,2013,34(8):861-879.

[57] MHEDHBI I. Identifying the relationship between intellectual capital and value creation of the company using structural equations analysis – the case of tunisia[J]. Journal of Business Studies Quarterly,2013,

5(2):216-236.

[58] SHAKINA E, BARAJAS A. Value creation through intellectual capital in developed European markets[J]. Journal of Economic Studies, 2014,41(2):272-291.

[59] NAIDENOVA I, OSKOLKOVA M. Interaction effects of intellectual capital in company's value creation process[C]//Proceedings of the European conference on intellectual capital. United Kingdom: Academic Conferences & Publishing International Ltd,2012:314-322.

[60] 党兴华,李晓梅. 知识资本的度量与西部工业知识资本的评价[J]. 西安理工大学学报,1999(2):3-5.

[61] 保建云. 知识资本:知识经济时代知识资本的开发、经营与管理[M]. 成都:西南财经大学出版社,1999:1-75.

[62] 王勇,许庆瑞. 智力资本及其测度研究[J]. 研究与发展管理,2002(2):11-16,50.

[63] 陈则孚. 论知识资本的运行与发展[J]. 中共中央党校学报,2000(3):43-50.

[64] 徐笑君. 智力资本管理:创造组织新财富[M]. 北京:华夏出版社,2004:4-15.

[65] 梅小安. 企业知识资本管理机理及其绩效评价研究[D]. 武汉:武汉理工大学,2004.

[66] KHALIQUE M,ISA A,SHAARI J. Predicting the impact of intellectual capital management on the performance of SMEs in electronics industry in kuching, sarawak [J]. IUP Journal of Knowledge Management,2013,11(4):53-61.

[67] HENDRIKS P, SOUSA C. Rethinking the liaisons between intellectual capital management and knowledge management [J]. Journal of Information Science,2013,39(2):270-285.

[68] MATOS F. Intellectual capital management:from theoretical model to a

practice model[C]//Proceedings of the international conference on intellectual capital knowledge management & organizational learning. United Kingdom: Academic Conferences & Publishing International Ltd,2013:266-278.

[69] HUNTER M, EVANS N. Internal intellectual assets: a management interpretation[J]. Journal of Information Information Technology & Organizations,2011,6(7):1-13.

[70] BONTIS N. Managing organizational knowledge by diagnosing intellectual capital:framing and advancing the state of the field[J]. International Journal of Technology Management,1999,18(8):433-462.

[71] CARLA C. Perceptions of knowledge management and intellectual capital in the banking industry[J]. Journal of knowledge management,2008,12(3):141-145.

[72] GUTHRIE J. PETTY R, Towards the future: knowledge management and the measurement of intangibles[J]. Management Today,2000(3):48.

[73] SELEIM A, KHALIL O. Understanding the knowledge management – intellectual capital relationship: a two – way analysis[J]. Journal of Intellectual Capital,2011,12(4):586-614.

[74] ALBERT Z, DIETER F. The intellectual capital web[J]. Journal of intellectual capital,2003,4(1):34-48.

[75] SPAHIC E, HURUZ E. Improving the management of intellectual capital through the application of organizational learning [C]// Proceedings of the european conference on intellectual capital. United Kingdom: Academic Conferences & Publishing International Ltd,2012:437-443.

[76]张小红.智力资本及其管理研究[M].北京:中国农业科学技术出

版社,2008:64-68.

[77] 张丹.企业智力资本及其价值增长的管理理论与方法研究[M].北京:企业管理出版社,2007:1-10.

[78] 李平.企业智力资本开发理论与方法[M].哈尔滨:哈尔滨工程大学出版社,2007:25-39

[79] 戚啸艳,胡汉辉,崔捷.基于过程的知识资本管理模式研究[J].科研管理,2007(4):81-87.

[80] 张涛,许长新.知识资本价值管理研究[J].科技进步与对策,2006(10):112-114.

[81] 薄湘平,吴俊哲.基于企业价值链的智力资本分类与管理[J].商业时代,2007(11):52-53.

[82] MURA M, LONGO M. Developing a tool for intellectual capital assessment: an individual – level perspective [J]. Expert Systems, 2012, 30(5):436-450.

[83] CRICELLI L, GRECO M, GRIMALDI M. The assessment of the intellectual capital impact on the value creation process: a decision support framework for top management [J]. International Journal of Management & Decision Making, 2013, 12(2):46-164.

[84] COSTA R. Assessing intellectual capital efficiency and productivity: an application to the Italian yacht manufacturing sector [J]. Expert Systems with Applications, 2012, 39 (8):7255-7261.

[85] UZIENE L. Model of organization's intellectual capital measurement [J]. Engineering Economics, 2010, 21 (2):151-159.

[86] MONTEMARI M, NIELSEN C. The role of causal maps in intellectual capital measurement and management [J]. Journal of Intellectual Capital, 2013, 14(4):522-546.

[87] LEE S. Using fuzzy AHP to develop intellectual capital evaluation model for assessing their performance contribution in a university[J].

Expert Systems with Applications,2010,37(7):4941-4947.

[88] MARTINEZ M. Identification of intangible assets in knowledge – based organizations using concept mapping techniques [J]. R&D Management,2014,44(1):42-52.

[89] 南星恒.企业智力资本价值创造行为研究——兼论智力资本与企业价值的相关性[J].南京审计学院学报,2014(2):79-86.

[90] 李经路.耦合视角下的企业智力资本价值贡献研究[J].软科学,2013(6):108-113.

[91] 刘玉平,赵兴莉.智力资本驱动企业价值创造的有效性研究——基于智力资本综合评价视角[J].中央财经大学学报,2013(1):41-46,91.

[92] 王东清,蒋艳.基于BSC的企业智力资本计量模型及其实证研究[J].湖南财政经济学院学报,2013(2):104-110.

[93] 李经路.智力资本指数的构建:原理与方法[J].统计与决策,2018,34(4):38-42.

[94] 迟国泰.企业智力资本评估方法研究的新视角——评《企业价值导向的智力资本评估方法》一书[J].管理案例研究与评论,2016,9(3):302.

[95] 曾洁琼.智力资本价值驱动因素的评估模型研究[J].财经理论研究,2015(5):105-112.

[96] 张小红,李未萌,李建华.智力资本价值评估方法的实证研究——以医药制造行业专有技术的价值评估为例[J].中国软科学,2015(6):167-174.

[97] EDVINSSON L,STENFELT C. Intellectual capital of nations – for future wealth creation [J]. Journal of Human Resource Costing & Accounting,1999,4(1):1-13.

[98] EDVINSSON L,BOUNFOUR A. Assessing national and regional value creation [J]. Measuring Business Excellence,2004,8(1):55-62.

[99] JAY C. The 1st world Conference on intellectual capital for communities in the knowledge economy: nations, regions and cities[J]. Journal of intellectual capital,2006,7(2):272-282.

[100] SELEIM A, BONTIS N. National intellectual capital and economic performance: empirical evidence from developing countries [J]. Knowledge & Process Management,2013,20(3):131-140.

[101] PHUSAVAT K, COMEPA N, SITKOLUTEK A, et al. Intellectual capital: national implications for industrial competitiveness [J]. Industrial Management & Data Systems,2012,112(6):866-890.

[102] LABRA R, SANCHEZ M. National intellectual capital assessment models: a literature review[J]. Journal of Intellectual Capital,2013, 14 (4):582-607.

[103] KAPYLA J, KUJANSIVU P, LONNQVIST A, et al. National intellectual capital performance: a strategic approach[J]. Journal of Intellectual Capital,2012,13(4):343-362.

[104] HEIJMAN, WIM, OPHEM V, et al. Regional competitiveness, social and intellectual capital [C]// Economic science for rural development conference proceedings. Latvia: Latvian University of Agriculture,Faculty of Economics,2012:181-186.

[105] 陈武,何庆丰,王学军.国家智力资本与国家创新能力的关系——基于中国20年面板数据的实证研究[J].中国科技论坛,2011(4):25-31.

[106] 司训练,许豪.基于非正式创新网络的突发事件因素对国家间智力资本转移的实证研究[J].西安石油大学学报(社会科学版),2018,27(3):43-51.

[107] 邵洪波."一带一路"国家的智力资本、财务资本与中国策略[J].中国流通经济,2016,30(12):78-84.

[108] 唐新贵,许志波,闫森.区域知识资本及其对区域发展的影响研究

[J].经济地理,2012(2):33-38.

[109] 王锐淇,汪贻生.区域知识资本增加路径及变化趋势探析[J].科技进步与对策,2012(16):30-34.

[110] 张运华,吴洁.区域智力资本:基于面板数据的评估体系验证及应用[J].工业技术经济,2015,34(6):145-153.

[111] 张运华,吴洁.区域智力资本与经济发展:基于东、中、西部的区域比较[J].云南财经大学学报,2017,33(1):24-34.

[112] 李卫兵,王彦淇.中国区域智力资本的测度及其空间溢出效应研究[J].华中科技大学学报(社会科学版),2018,32(1):64-75.

[113] 刘超.我国省际区域智力资本空间分布及其变动特征[J].甘肃社会科学,2020(1):104-111.

[114] 曾德明,刘惠琴,禹献云.产业创新体系知识资本评估指标分析[J].情报科学,2012(7):1038-1043.

[115] 杨斌,胡家兴,游静.高新技术产业集群知识资本增值机理研究[J].科技管理研究,2009(12):375-377,354.

[116] 郭骁,夏洪胜.企业代际路径可持续发展的演进机理——基于自组织理论的分析[J].中国工业经济,2007(5):96-103.

[117] 何晓燕,高长元.高技术虚拟产业集群知识资本增值机制框架研究[J].华东经济管理,2013(8):74-77.

[118] 沙利文.价值驱动的智力资本[M].北京:华夏出版社,2002:67-92.

[119] 柏丹.企业价值导向的智力资本评估方法研究[D].大连:大连理工大学,2005.

[120] 何传启,张凤.知识创新 竞争新焦点[M].北京:经济管理出版社,2001:2-11.

[121] BELL G. Clusters, networks, and firm innovativeness[J]. Strategic Management Journal,2005,26(3):287-295.

[122] NONAKA L, UMEMOTO K, SENOO D. From information processing

to knowledge creation:A paradigm shift in business management[J]. Technology In Society,1996,18(2):203-218.

[123]熊德勇,和金生.SECI过程与知识发酵模型[J].研究与发展管理,2004,16(2):14-19.

[124]何晓燕,高长元.基于CAS的高技术虚拟产业集群知识创新活动分析[J].中国科技论坛,2013(11):21-27.

[125]KAUFFMAN S. The origins of order:self-organization and selection in evolution[M]. New York:Oxford University Press,1992:20-32.

[126]LEVINTHAL D. Adaptation on rugged landscapes[J]. Management Science,1997,43(7):934-950.

[127]潘文安.关系强度、知识整合能力与供应链知识效率转移研究[J].科研管理,2012,33(1):147-153,160.

[128]王文平,张兵.动态关系强度下知识网络知识流动的涌现特性[J].管理科学学报,2013,16(2):1-11.

[129]高长元,何晓燕.基于NK模型的HTVIC知识创新适应性提升研究[J].科学学研究,2014(11):1732-1739,1746.

[130]潘松挺,郑亚莉.网络关系强度与企业技术创新绩效——基于探索式学习和利用式学习的实证研究[J].科学学研究,2011,29(11):1736-1743.

[131]ROST K. The strength of strong ties in the creation of innovation[J]. Research Policy,2011,40(4):588-604.

[132]INKPEN A,TSANG E. Social capital, networks, and knowledge transfer[J]. Academy of Management Review, 2005, 30 (1):146-165.

[133]谢洪明,张霞蓉,程聪,等.网络关系强度、企业学习能力对技术创新的影响研究[J].科研管理,2012,33(2):55-62.

[134]姜翰,金占明.企业间关系强度对关系价值机制影响的实证研究——基于企业间相互依赖性视角[J].管理世界,2008(12):

114-125,188.

[135] 蔡宁,潘松挺.网络关系强度与企业技术创新模式的耦合性及其协同演化——以海正药业技术创新网络为例[J].中国工业经济, 2008(4):137-144.

[136] 孙爱英,苏中锋.资源冗余对企业技术创新选择的影响研究[J]. 科学学与科学技术管理,2008(5):60-63,68.

[137] 赵晖.高技术企业不同创新类型下的知识转化机理研究[J].图书情报工作,2011,55(12):114-117,69.

[138] 张峰,邱玮.探索式和开发式市场创新的作用机理及其平衡[J]. 管理科学,2013,26(1):1-13.

[139] ETTLIE J. Organizational policy and innovation among suppliers to the food processing sector[J]. Academy of Management Journal, 1983,26(1):27–44.

[140] 张华,席酉民,曾宪聚.网络结构与成员学习策略对组织绩效的影响研究[J].管理科学,2009,22(2):64-72.

[141] 翟丽丽.高技术虚拟企业演化机理与管理模式[M].北京:科学出版社,2012:6-20.

[142] 魏江,郑小勇.关系嵌入强度对企业技术创新绩效的影响机制研究——基于组织学习能力的中介性调节效应分析[J].浙江大学学报(人文社会科学版),2010,40(6):168-180.

[143] MCKEE D. An organizational learning approach to product innovation [J]. Journal of Product Innovation Management, 1992, 9(3): 232-245.

[144] MARCH J. Exploration and exploitation in organizational learning[J]. Organization science,1991,2(1):71-87.

[145] 丁栋虹.从人力资本到异质型人力资本与同质型人力资本[J].理论前沿,2001(5):12-14.

[146] 何晓燕,高长元.高技术虚拟产业集群人力资本投资优化研究

[J]. 科技与管理,2013,15(6):37-42.

[147] BAKIOGLU B S. The gray zone: networks of piracy, control, & resistance[J]. Social Science Electronic Publishing,2013(12):29.

[148] HERTZFELD H, LINK A, VONORTAS N. Intellectual property protection mechanisms in research partnerships[J]. Research Policy, 2006,35(6):825-838.

[149] 何晓燕,高长元. 高技术虚拟产业集群知识产权运营作用机理与策略[J]. 科技与管理,2014,16(3):32-37.

[150] UZZI B. Social structure and competition in interfirm net works: The paradox of embeddedness[J]. Administrative Science Quarterly, 1997,42(1):1-35.

[151] 霍苗,李凯,李世杰. 根植性、路径依赖性与产业集群发展[J]. 科学学与科学技术管理,2011(11):105-110.

[152] MOORMAN C, DESHPANDE R, ZALTMAN G. Factors affecting trust in market research relationships[J]. The Journal of Marketing, 1993 (10):81-101.

[153] 李远远. 基于粗糙集的指标体系构建及综合评价方法研究[D]. 武汉:武汉理工大学,2009.

[154] 廖洪建. 一种基于知识粒度的决策系统属性约简算法[J]. 微电子学与计算机,2013(2):87-90.

[155] 李秀红. 粗糙集概念与运算的知识粒度表示[J]. 计算机工程与应用,2011(11):34-36,45.